KENNEDY

Tujie Tianxia
Mingren Congshu

图解天下名人丛书　　本书编写组◎编

肯尼迪

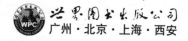

世界图书出版公司

WPC　广州·北京·上海·西安

图书在版编目（CIP）数据

肯尼迪/《图解天下名人丛书》编委会编．—广州：广东世界图书出版公司，2009.6（2024.2重印）

（图解天下名人丛书）

ISBN 978－7－5100－0640－1

Ⅰ．肯… Ⅱ．图… Ⅲ．肯尼迪，J. F.（1917～1963）—传记—画册 Ⅳ. K837. 127－5

中国版本图书馆 CIP 数据核字（2009）第 103053 号

书　　名	肯尼迪	
	KENNIDI	
编　　者	《图解天下名人丛书》编委会	
责任编辑	陶　莎	
装帧设计	三棵树设计工作组	
出版发行	世界图书出版有限公司　世界图书出版广东有限公司	
地　　址	广州市海珠区新港西路大江冲 25 号	
邮　　编	510300	
电　　话	020-84452179	
网　　址	http://www.gdst.com.cn	
邮　　箱	wpc_gdst@163.com	
经　　销	新华书店	
印　　刷	唐山富达印务有限公司	
开　　本	787mm×1092mm　1/16	
印　　张	12	
字　　数	150 千字	
版　　次	2009 年 6 月第 1 版　2024 年 2 月第 10 次印刷	
国际书号	ISBN　978-7-5100-0640-1	
定　　价	59.80 元	

前　言

约翰·菲茨杰拉德·肯尼迪（John Fitzgerald Kennedy）在 1917 年 5 月 29 日出生于美国麻萨诸塞州的波士顿。他是爱尔兰裔金融家约瑟夫·肯尼迪（曾任驻英大使）的次子。他曾就读于普林斯顿大学，后转到哈佛大学并于哈佛大学毕业。他是美国第 35 任总统（1961～1963）。

在第二次世界大战中，肯尼迪指挥的鱼雷艇被日军舰艇撞沉。他身受重伤，逃上敌后荒岛，后来率领士兵归队。他在 29 岁时竞选国会众议员获胜并连任三届（1947～1953）。35 岁时，他当选国会参议员。在国会里，他对内重视社会救济与平民福利，对外反对共产主义，支持冷战。他对于杜鲁门一度打压蒋介石与中共联合的政策表示不满。1953 年他进入参议院，正值麦卡锡反共运动盛行之时，大批联邦公务人员以同情共产党的罪名遭到清洗，肯尼迪对此并无异议。1956 年他写成的《勇敢者的画像》一书出版，获得普利策奖。他力主扩大援助非洲和新独立的国家。他的政治观点逐渐左移，在民主党内的声望也逐步提高。1960 年 1 月肯尼迪宣布竞选总统，以微弱优势击败共和党候选人尼克松，成为美国历史上最年轻的总统，也是第一位信奉天主教的总统。在不到三年的总统生涯中，肯尼迪处理了一系列重大危机，如"古巴导弹危机"、"柏林危机"以及与苏联签署了《限制核试验条约》，相对缓和了美苏两国的冷战紧张对峙的局势。这个条约对后来的影响是深远的，把人类从无限黑暗的核战争的恐怖阴影中解救出来。

肯尼迪任职开始就遇到美国入侵古巴遭受惨败的事件。1961 年 6 月他与苏联领导人赫鲁晓夫在维也纳会谈，以强硬态度对待苏联要与东德单独签订和约的威胁。1962 年 10 月发现苏联在古巴设置导弹，他下令对古巴施行封锁，迫使苏联撤出导弹装置。十个月后，美、苏、英禁止核试验条约签字。他批准了"阿波罗"登月计划，与苏联达成了禁止核试验的协议。人们第一次感到，冷战有可能和平地结束。

基于一种理想主义，肯尼迪还派遣和平队和医疗队前往不发达国家，从而增加了美国外交弹性，在美苏争霸中改善了美国的形象，为美国争取到更有利的世界地位。

　　肯尼迪在国内政策方面提出了众多计划，如：改善城市住房条件、发展教育事业、改革税收制度、修改农业计划、保护和发展天然资源、为老年人提供良好的医疗保健、反对种族歧视、给黑人以公平权利等等。但这些计划在实施过程中大都遭到了来自各方的重重阻碍，尤其是国会。他提出的大量削减所得税的立法以及扩大人权的立法，却推迟到他死后才得以通过。在今天，美国人尤其怀念肯尼迪在这方面的执政艺术。

　　1963 年 11 月 22 日，他在去达拉斯市为争取连任做准备活动时遇刺身亡。虽然他的生命比较短暂，但他在有生之年却创造出了最辉煌的成绩。同时，肯尼迪奠定了他跻身美国历史上最杰出总统之列的地位。肯尼迪总统一生的事迹，最恰当不过地揭示了特权阶层如何将家族的梦想延伸到国家的最高殿堂，同时也揭示了与特权并存的强大的社会约束和压力。这也许能够解释人们疑惑的一个问题，即为什么这种家族政治未能腐蚀美国的民主政治。

目 录

肯尼迪家族

青年时代

肯尼迪
Kennidi

目录

肯尼迪
Kennidi

目录

肯尼迪

肯尼迪家族

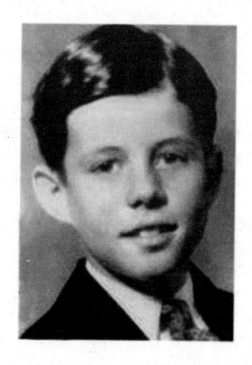

失败没有借口，我失败唯一的借口就是没有借口。

——肯尼迪

肯尼迪

家族的总统梦

肯尼迪家族是从爱尔兰来美国的移民后裔。 1848 年，有个叫帕特里克的爱尔兰人，不愿成为当时席卷爱尔兰岛饥荒的牺牲品，便搭乘一条往来于大西洋两岸的货船，登上了美洲大陆。 帕特里克便是肯尼迪家族在美国的第一代先驱。 这年他才20 岁。

19 世纪末，流亡到美洲大陆上的爱尔兰移民接近 6 万人，他们经过奋斗，已成为一股不可小看的选举力量。 帕特里克·约瑟夫作为肯尼迪家族的第二代，看中了爱尔兰人在波士顿的旗手——约翰·弗兰西斯·弗茨拉尔德，帮助他当上了马萨诸塞州议会的议员。

肯尼迪家族有一个长久怀有的梦想——总统之梦，这个家族中一定要有人成为美国的总统。 约瑟夫有一次在教堂里祈祷时就暗暗发誓：我已登上了财富的最高峰，我要让儿子登上权力的最高峰。 他们夫妇有 9 个孩子，在政治上有潜力的自然是 4 个男孩。 这四个男孩是大儿子小约瑟夫·肯尼迪、二儿子约翰·肯尼迪、三儿子罗伯特·肯尼迪、四儿子爱德华·肯尼迪。

在父亲的心目中，四个儿子中最有资格成为总统的是大儿子小约瑟夫。 但无情的战争打碎了他的如意算盘。 在对德战争中，小约瑟夫参军成为飞行员，1944 年奉命去炸毁纳粹德国的潜艇基地。 在执行任务时，他驾驶的飞机因故障在英国上空爆炸，他和副驾驶被炸得粉身碎骨。 这是以后多灾多难的肯尼迪家族所遇到的第一个灾难。 两个星期后又传来噩耗：二女儿凯瑟琳新婚不久的丈夫英国人哈廷顿勋爵在法国作战时遭德国枪手狙击中弹身亡。 几年后孀居的凯瑟琳有了新的男友英国人菲茨威廉伯爵。 1948 年 5 月 13 日两人租用一架小飞机去法国度假，在山区遇大风，双双坠机身亡。

在长子遇难后，家中的希望更多地寄托在二儿子约翰·肯尼迪身上。 按照约翰·肯尼迪后来的说法："我的哥哥约瑟夫是一家中从政的当然人选。 如果他活着，我会继续当作家。 如果我死了，我弟弟会当参议员。 如果他出事，我的另一个弟弟会为我们去竞选。"子承父业，弟承兄业，就像一幅前仆后继的从政序列图。

约翰·肯尼迪政治上最大的成功是在 1960 年当选美国总统。 他的父亲约瑟夫是实现总统梦的总策划、总导演。 他拿出大量的金钱调动新闻界、出版界，狂轰滥炸般地宣传他的儿子。他儿子终于成为美国历史上最年轻的总统。 在约翰·肯尼迪组阁时，老父亲让他把弟弟罗伯特安排到内阁中去，罗伯特如愿以偿地得到了司法部长一职。 这是肯尼迪家族政治上的巅峰时刻。

肯尼迪总统遇刺后，担任司法部长的罗伯特·肯尼迪成了肯尼迪家族的当家人。 他的妈妈轻声对他说："孩子，现在轮到你了。"1968 年罗伯特决定参加总统竞选。 肯尼迪家族似乎有可能再产生一位总统。 不幸的是在一次公众集会上，有个年轻人对他头部开枪，罗伯特死在医院中。 凶手是个叫瑟汉的巴勒斯坦难民，他讨厌罗伯特强烈的亲犹倾向。

三个哥哥死于非命，爱德华·肯尼迪硕果仅存，他也在努力向政治巅峰冲刺。 1969 年他当选为参议院民主党副领袖，有希望成为 1972 年总统竞选的热门人物。 但在 1969 年 7 月发生的一件意外事件却断送了他的前程。 一天晚上他开车带着漂亮的金发姑娘科佩克内小姐回旅馆，在过一座小桥时汽车冲入河中。爱德华死里逃生，姑娘却死在车中，而且爱德华报案还很不及时。 这一事件损害了肯尼迪家族的名誉，也使得爱德华不得不放弃竞选总统。

大约在一个多世纪以前，爱尔兰的马铃薯歉收。 为了逃避饥荒，有许多爱尔兰人就横渡大西洋，到美国的东部去闯天下。

这些来到美国东海岸的爱尔兰移民，当然不可能立即就过上很舒适的生活。

当时支配美国社会的多半是英格兰的新教徒。 美国原来是英国的殖民地，而最早开拓美国东海岸，在那里克服万难、奠定今日美国基础的人，大部分都是英格兰的新教徒。 这就不难了解这些英人子孙，为什么能够支配当时的社会了。

而爱尔兰人、意大利人、波兰人、德国人等，都是由以前的敌对国家来的移民，他们可以说是美国的新成员。 因此，想要加入英格兰人已打好基础的社会里去，自然就得从下层社会的生活开始。 尤其是爱

爱尔兰的乡村景象

尔兰人，他们的祖国原来就是受英格兰的统治，因此这种情形很自然地就反映到新大陆的社会中。

帕特里克·肯尼迪也就是肯尼迪总统的曾祖父于 1850 年左右来到波士顿。 当时波士顿已有许多爱尔兰籍的移民，但是这些人大都住在波士顿的贫民区，过着相当穷苦的生活。

这些爱尔兰人多半都是码头工人，也有一部分是以日计酬的劳工。 帕特里克也不例外，他做过各种出卖劳力的工作，省吃俭用，最后终于开了一家桶店，专门制造装酒用的木桶。

帕特里克为人勤勉、和善，因此他的生意越做越好。后来，他娶了一位爱尔兰小姐，生了四个孩子。最小的孩子是在1862年1月出生的，以父亲之名起的名叫帕特里克·肯尼迪。

孩子出生后不久，老帕特里克就因为罹患疾病不幸去世。后来这位最小的孩子的孙子，也就是肯尼迪家族在美国的第四代子孙中，出了一位美国总统，相信这在当时是谁也不会想到的。

自幼丧父的帕特里克一边在附近的一所学校读书，一边还要帮助母亲工作。当时，他的母亲在一家商店里工作。等到帕特里克长大之后，他就自己开了家酒店。当时，在美国的爱尔兰人都在想尽办法摆脱贫穷的生活。而致富的捷径，就是经营小酒店或是本小利重的商店，或者从政。帕特里克一方面开酒店，同时也开始向政坛上迈进。

事实上，帕特里克本人并不爱喝酒，但是当他开了酒店之后，常有同乡来他的店里高谈阔论。此时，帕特里克都能很有耐心地听这些人的议论，并给予适当的建议。他因此成为众人眼中一位很不错的顾问。

他的人缘很好，不但成为众人喜爱的酒店老板，同时也深受当地人的尊敬与爱戴。渐渐地，他就步入了波士顿的政坛。

帕特里克虽然连小学都没有毕业，但他是位天资聪颖的人。他见识卓越又有魄力，具有天生的领导才能。他有三个子女，他的家训中有一些一直流传到孙子辈，甚至成为肯尼迪家族子女的主要家庭教育内容，例如：

——凡事要做就做第一，做第二就输了。

——绝不可犯错。

他一方面积极地拓展生意，另一方面又活跃在市及州的政界。他曾经是州议会的众议员和参议员。他的一生是以公平与正直出名的。

在他三个子女中，有一个名叫约瑟夫的，他就是肯尼迪总统的父亲。

由于父亲的影响，约瑟夫从小就对政治有了颇深的认识。

约瑟夫很有远见，为了让孩子接受最好的教育，他把大儿子小约瑟夫送进了哈佛大学。

一从哈佛大学毕业，小约瑟夫就下决心尽快挣钱，争取在30岁之前成为百万富翁。到哪儿去挣钱？小约瑟夫有自己的看法："如果你想挣钱，你就必须弄清钱在哪里。"他选择了银行业作为生财的方向。小约瑟夫在父亲的支持下成为一家银行的总裁，并且是全美国最年轻的银行总裁。

★★★★★★★★★★
资料链接
★★★★★★★★★★

良好的家庭教育

作为银行家的约瑟夫，也就是肯尼迪总统的父亲，以近似残酷的方式教育他的小肯尼迪们。他子女很多，共九个孩子，五女四男。父亲盼望小约瑟夫能成为美国总统。约翰由于体质不佳，将来准备做出版商或记者，这样便可帮助哥哥小约瑟夫回击外界对他的攻击。罗伯特要做律师，将担负起捍卫家族利益的重任。最小的儿子爱德华的前途尚未选定，需看发展。老约瑟夫有一天自豪地说道："我有四个像教堂圆柱那样结实英俊的儿子。"

他是怎样精心陶冶孩子们的性格呢？这个家里规定了严格的法律条令：吃饭时，孩子们必须在饭前五分钟全部就座，等待父亲。母亲罗丝把报纸上报道当天大事的新闻贴在通往餐厅的走廊上，以便孩子们经过时读上几条，好在餐桌上参加辩论。比如，一天中午，约翰一边放叉子一边向哥哥提问："你对英国的经济形势有何见解？"小约瑟夫思考片刻，做了恰如其分的回答，并列举了统计表和一些数据，当时小约瑟夫年仅十岁。

在小约瑟夫、约翰、罗伯特这三兄弟之间，"一切为了胜利"这句格言经常引起他们的激烈争夺。当爱德华还是个乳臭未干的孩子时，他曾被从哥哥们房里传出的吼叫、诅咒、谩骂和呻吟声吓得不知所措。为了赢得父亲的赏识，什么都可用来作为斗争的理由。小约瑟夫骑车领先，约翰奋起直追……

父亲约瑟夫

肯尼迪总统的父亲约瑟夫是在波士顿附近的教区学校（教会附属学校）接受小学教育的。 据说他在小学时的数学成绩特别优异，连老师都赞不绝口。 放学回家后，他玩的最多的游戏就是与附近的小孩们打棒球或踢足球。 曾经有一段时期，他利用课余时间做报童，也曾到游艇上去卖过花生米和冰棒。

事实上，当时的肯尼迪家族环境已大为改善，家境堪称富裕，所以约瑟夫并不是为了挣钱才出外工作的。

像这种生活并不差、日常费用也不匮乏的家庭，子女们仍出去做报童或担任照看小孩的工作，赚点零用钱的情形，在美国可以说是司空见惯。身为父母，都希望子女能有这种生活经验，那是因为可以培养年轻人的独立性。

约瑟夫在小学七年级（相当我国的初中一年级）时，他的父母就让他

1910 年的哈佛大学

转到波士顿的拉丁学校去就读。 这所学校在当地是一所相当有名的学校。 父母就是希望他将来能进入哈佛大学。

当时在爱尔兰籍的父母里，具有这种远见的人可算是少之又

7

少。 这主要是因为当时的爱尔兰人大部分仍然穷困潦倒，能供子女上大学的并不多；其次，即使可供子女读大学，一般都是选择教会大学。 哈佛大学通常都是上流社会新教徒的子女们就读的学校，因此，大多数的爱尔兰人对哈佛大学由衷地感到厌恶和排斥。

进入波士顿拉丁学校的约瑟夫成绩仍然很好，尤其是在数学方面，与他在教会小学时的表现一样，远超其他的同学。 不过，约瑟夫并不是一个只会念书的书呆子，他也很喜欢与别人比赛。 在运动方面，他还是个顶尖的人物，尤其在棒球和篮球方面，他的表现更是突出。 在拉丁学校的最后一年，他还得到了约翰·弗奇拉特市长杯，这是颁发给波士顿高级中学最高打击率棒球选手的一种荣誉。 几年之后，这位弗奇拉特市长居然成为约瑟夫的岳父。

约瑟夫以相当优秀的成绩从波士顿拉丁学校毕业，顺利地进入哈佛大学学习。 第一年，他就加入了哈佛的棒球队，在校际比赛中大显身手，充分表现出了他在棒球方面的才能。 后来他因为手臂受伤，才打消了他当职业棒球选手的念头。

无论做任何事情，约瑟夫都有着高昂的斗志，这也许是他与生俱来的个性。 事实上，这种积极性、实践力及无尽的精力，就是肯尼迪家族的一种特质，他的子女们都具有这种性格。

约瑟夫在大学里就已显示出卓越的赚钱本领。 他那敏锐的眼光、坚强的毅力，远非一般学生所及。

约瑟夫曾与一位同学经营

肯尼迪（右）小时候跟他的妈妈合影

肯尼迪
Kennedi

观光游览车的生意。 这种行业只需少量的资本就可得到汽车的行驶权。 于是他们就利用暑假的时间，开着游览车将旅客们载到波士顿的各个名胜古迹去游览。

在大学求学期间，他利用三个暑假，赚了五千美元。 这在当时来说，是一笔相当大的数目。 因此约瑟夫在很早的时候，就有做百万富翁的雄心。

1912 年，约瑟夫从哈佛大学毕业了，他希望能进入州银行做一名调查员，因为他认为这样可以学到银行业务及金融方面的知识。 到了第二年，他就以这段时间所学到的经验及知识，在父亲及亲友的帮助下，买下了一家私人银行。 就这样，在他 25 岁时，成为了美国最年轻的银行总裁。

1914 年秋天，约瑟夫与波士顿市市长约翰·弗奇拉特的女儿罗丝结婚。

弗奇拉特家的情形与约瑟夫的祖父家相同，也是因为马铃薯歉收，才移民到美国的爱尔兰后裔。 他自幼就失去双亲，少年时期生活非常困苦。

长大之后，他开始参加政治活动，历任市议会议员、州议会议员、美国众议院议员，最后还担任了两任波士顿市市长。 他是第一位爱尔兰籍的波士顿市市长。

当时，在波士顿市的政界，爱尔兰派的力量愈来愈大。 这大概是因为爱尔兰人比较团结，同时也具有一定的组织能力，因此很适合从政。

弗奇拉特在当时颇受人们的爱戴，大家常昵称他为"可爱的弗兹"或是"弗兹"。 他幽默、机智，很喜欢用次中音唱当时流行的歌曲。

帕特里克·肯尼迪是一位稳重、朴实，而且颇为严肃的人，而弗奇拉特却恰好相反，他乐观、幽默，深受众人喜爱。 虽然这两个人都活跃于政坛，但在性格方面却差异很大。 虽说两人是亲家，而且据说他们还是交情很深的老朋友，但是对于一些政治问题，却常常因见解不同而相持不下。

这位"可爱的弗兹"以自己的女儿罗丝为荣,他外出时,常会带着罗丝同行。 当然,拜访肯尼迪家也不例外,因此后来约瑟夫才有机会认识和接近罗丝。

罗丝有着乌黑柔软的秀发和蔷薇色的双颊,是一位非常美丽的少女。 她曾先后两次前往欧洲学习音乐、法文、德文,完全具备上流社会大家闺秀的素养。 当时,波士顿信奉天主教的年轻男士拜倒在她石榴裙下的有很多。

约瑟夫与罗丝是在相似的生活环境中长大的,因此对于一些问题有很多相同的观点。 如此一来,两个人之间的感情就愈来愈深厚,直到步入婚姻的殿堂。

这对新婚夫妇的新居坐落于波士顿近郊一个叫布鲁克莱茵的住宅区。 第二年,他们就生下长子,并以父亲的名字为新生儿命名,叫做约瑟夫·帕特里克·肯尼迪。

这位初为人父的年轻人在高兴之余常抱着婴儿兴奋地说:"我的儿子,将来一定能成为美国总统!"

约瑟夫是一位凡事都追求第一,不要第二的人。 他这句话虽然是一时兴起,脱口而出,但却充满了自信,听来颇具真实的意味。

过了两年,即1917年,他们又生了次子约翰·菲茨杰拉德。 后来达成父亲的心愿而当上美国总统的并不是长子,而是这位次子。

1919 年约翰(左边第二个)、他的妹妹罗斯玛丽、哥哥约瑟夫和他们的妈妈罗丝

接下来他们又生了四个女儿,分别是罗斯玛丽、凯萨琳、尤妮丝、芭特莉希亚。 第七个又是个儿子,这是三子罗伯特,第

八个则是女儿，名叫琴，最后又生了个儿子，名叫爱德华。

就在这几年当中，约瑟夫本身的工作也发生了很多的变化。他在做了几年的银行总裁之后，就辞去这个工作，到贝莱亨造船厂去当副董事长。就在这一年，即1917年，美国参加了第一次世界大战。

由于工作上的关系，他结识了当时还是美国海军助理副官的富兰克林·罗斯福。

他们两个人一直维持着很好的交情，彼此的友谊并未因战争的结束而结束。后来罗斯福当上了总统，就请约瑟夫出任政府要职，从此，约瑟夫开始活跃于政坛。

在第一次世界大战结束时，约瑟夫仍留在造船厂工作。但是他很早就对买卖股票发生了兴趣，所以就开始从事这种冒险的投机生意。由于他对这方面具有丰富的知识与卓越的判断力，当情况不佳时，他总是能及早地把手中的股票脱手。例如，当1929年出现经济大恐慌时，他早已将股票完全脱手而未受到损失。

另外，约瑟夫也开始从事影剧事业。无论是百老汇或是好莱坞，他都是财力庞大的幕后老板，操纵着巨额资金。就这样，他在很多方面都体现了卓越的经营才能，因此他的财富也越来越多。

虽然约瑟夫接二连三地从事新工作、面对新挑战，但是在他心目中最重要的还是家庭。即使工作再忙，他也尽可能抽出时间与子女们相处，讨论一些问题。

有一段时期，约瑟夫为了逗小约瑟夫高兴，常把他放在木箱里，然后把木箱装在雪橇上，拖着雪橇在雪地

肯尼迪总统的童年照片

上到处跑。有一次，他一边跑，心里却在想着工作上的事，等到回头时，发现箱子空空的，孩子不见了。他急得到处找，最后才找到摔在雪地上的又哭又叫的儿子。

等子女们都长大之后，约瑟夫常常带着孩子们一块儿去打网球、游泳、驾驶游艇或是打高尔夫球等。当他们家的成员多达十个人的时候，约瑟夫就买了一艘可以容纳十个人的大游艇，并将它命名为"我们十个"。后来又添了爱德华，游艇就坐不下了，只好又买了一艘更大的游艇，取名为"再加一个"。

他的太太罗丝是一位虔诚的天主教徒，对于孩子们的管教相当用心。

每个星期天，一家老小都要去教堂。下午就由约瑟夫开车，带着家人去探望老帕特里克夫妇。老帕特里克夫妇非常喜爱这些小孙子们，对他们很慈爱和蔼。但是，他也有严厉的一面。

小孩子一多，总免不了生病，如麻疹、百日咳、水泡疹等儿童常有的疾病，且总是轮流出现。每当一有小孩生病时，罗丝一定会在卡片上记录下来，其他如注射预防针、身体检查、看牙医等等，也都记录得很详细。如此才不会把凯萨琳和尤妮丝混淆，也不会把约瑟夫与杰克（约翰的小名）混在一起。

至于子女们的争吵，罗丝倒不太在意，不过她一定会找出子女们吵架的起因，并尽可能地加以解决或防范。由于家庭人口较多，每天早上起床盥洗时，就热闹、嘈杂得像置身于闹市。

所以，肯尼迪家在选择住宅时，通常都需要挑选有三套卫生设备（包括洗澡间、厕所、洗脸池）的房子，才能把这些孩子安排过来。

子女之间的吵架、打架是大家庭的特色之一。这种争执无形中会培养出小孩子的好胜心，同时也培养了他们的协调性。肯尼迪家也不例外，有时甚至还分成两队，进行激烈的对抗赛。

一位与肯尼迪家来往密切的朋友就曾说过："肯尼迪家的兄弟们都具有强烈的竞争心，但我也从未见过像他们这样团结的大家庭。 他们激烈地竞争着，但在这种竞争中却得到很多的益处。 因为他们互相刺激，所以他们都有面对挑战的精神。 他们每个人都有自己的亲密好友，但是他们更重视、更喜爱自己的兄弟姐妹。"

兄弟姐妹们

在纽约北区，有一幢叫布隆克斯的高级住宅，里面有着广阔的草坪。 在一楼的房间中，有两位少年正在玩摔跤。

大一点的男孩大约有 14 岁，身材比较高大，体格也比较结实；另一个男孩，可能只有 12 岁，比较瘦弱，但是斗志高昂，毫无畏惧地向大一点的男孩挑战。

这两个男孩子彼此都不认输，涨红了脸，猛烈地扑打着，四只脚在地毯上到处移动、践踏。

"杰克！加油！"

"乔！你可不能输！"

看样子，他们不是在打架，而是在进行摔跤大赛。

同时，还有许多观众正站在楼梯上，全神贯注地围观着。这些观众包括五个女孩、一个男孩。 他们紧紧地抓着楼梯的护栏，排成一排，就像是停在电线上的麻雀那么整齐。 他们都睁大了眼睛，目不转睛地注视着那两位少年的比赛。 最小的女孩琴大概只有两岁大，她紧张地握着双拳。

当时，罗伯特只有 4 岁，他和 12 岁的杰克之间隔着四个女孩。 对罗伯特来说，现在正在摔跤的两位少年，是比他年纪大了很多的大哥和二哥，他当然不可能与这两位哥哥进行公平的比赛。

肯尼迪家的女孩子们也都很勇敢，富有竞争心。 罗伯特上面的

芭特莉希亚已经 7 岁，她一点都不把罗伯特放在眼里，认为罗伯特还只是个小婴儿罢了。 当时，罗伯特的弟弟还没有出生，这个后来才出生的弟弟——泰迪（爱德华），就是肯尼迪家的老幺。

大哥与二哥的角力竞赛或是腕力比赛，并不始自今天，事实上他们两人经常进行类似的竞争。

排行老大的乔（小约瑟夫），体格魁梧，让人一看就有安全感，也是这些小孩子们崇敬的对象。 因此，每当父亲不在家时，看管房子就成为乔的责任。

二哥杰克（约翰），与大哥相比较而言，较为内向，所以母亲时常夸奖杰克是全家最乖的小孩。

杰克从小就喜欢看书。 据说他看书时，如果有人对他说话，他多半不会回答。 因为他看书时非常专心，根本听不到别人在说话。

事实上，杰克也很喜欢运动，只是他的本领没有乔那么大。天性倔强的杰克，技巧、力量虽然比不上乔，但是斗志却足以弥补一切。 几乎从开始会走路时起，杰克就常常与乔竞赛，他明知自己不是乔的对手，却仍勇敢地向乔挑战。

当然，这场摔跤最后还是乔获胜了。

杰克耸着肩，喘息着说："虽然我很不甘心，但是，我必须承认还是哥哥的力气大。"

从来没有人看到杰克因为比输了或打输了而显露出不服气、不高兴的表情。 他在比赛时，为了求得胜利，总是尽全力去竞争，一旦输了，他立刻又显得很有风度，一点都不介意地向胜利者祝贺。

像这种气度，并不只限于杰克，肯尼迪家的每一个人都是如此，好像已经成为这个家庭的家规似的。 乔与杰克虽然经常比赛、竞争，可是从来没见过像他们俩那么亲密的兄弟。

到了黄昏时分，保姆带着小孩子们到育婴室去，把他们的手和脸洗干净，然后他们都很规矩地坐在餐桌旁自己的位子上。

可是，这时罗伯特与琴不知又为了什么，彼此怒目而视。 原来罗伯特踢到了琴的脚，因此，琴不服气地回踢一脚。 大家在餐桌旁刚坐好，母亲罗丝就走进来说："好了！ 大家安静。 罗伯特，今天轮到你带我们祈祷！"

罗伯特开始进行晚餐前的祈祷，他喃喃地念着祈祷词，连最小的琴也摆出祈祷的姿势，跟着默祷。 这样一来，这两个人的互踢事件也就结束了。

母亲又宣布一个好消息，她说："今天的餐后甜点是鲜奶油巧克力派！"

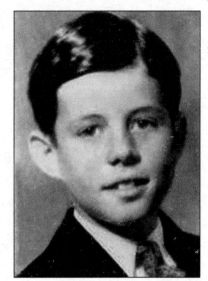

童年时期的肯尼迪

这种混有鲜奶油的巧克力派是这一家人——上自父亲，下至每一个小孩——都爱吃的甜点。

关于巧克力派，在肯尼迪家还曾发生过一件趣事，那是发生在乔与杰克之间的趣事。

当两兄弟年纪还小的时候，有一天的晚餐，母亲端出一个大家爱吃的巧克力派。 乔正慢慢地品尝着自己盘中的烤牛肉，同时，眼睛不时地看看摆在自己面前那份属于自己的巧克力派，好像在盘算等用完餐，如何来享用这份甜点。

坐在乔旁边的是杰克。 杰克吃东西的速度一向很快，母亲常提醒他："杰克，吃慢一点，不要太快了！"

当然，这个时候，杰克已经吃完了烤牛肉和马铃薯，正准备开始吃巧克力派。 鲜奶油与巧克力混合的甜味，真是可口。 像这种甜点，即使是两三个人的份，杰克也可以一口气吃完。 不过，此时杰克却打定主意要慢慢地品尝这份甜点。 一向吃东西快的人，即使想慢慢地吃，也会很快就把东西吃完的。 因此，顷刻之间，放在杰克面前的盘子全都空了。

杰克意犹未尽地瞄瞄哥哥面前的鲜奶油巧克力派，心中嘀咕

肯尼迪

着：“哥哥，你怎么还不赶快吃，一直放在那里，我看了真眼馋！”

最后，杰克一狠心放下餐巾，站起来说："谢谢，我吃好了！"

话声一停，只见杰克伸出了手，一把抓起乔的巧克力派，逃出了房间。

乔发现自己最喜爱的甜食被抢走了，等想夺回来时，杰克早已跑进院子，在广阔的草地上愈跑愈远。杰克显然已把抢来的派塞进嘴里了，因为乔已看清杰克的手上空空的，没有任何东西。

"喂！杰克，等一下！"

在夕阳的余晖中，只见两个小身影，在草地上到处追逐。乔渐渐地和杰克拉近了距离，但两个人都已累得气喘吁吁的。突然，杰克回头看一下身后的追兵。在逐渐黑暗的天色下，乔看到杰克转过来的脸，不由得大笑起来，因为杰克的嘴边和脸颊上都沾满了鲜奶油，在昏暗的光线下，只有这些部分特别白，看来滑稽得很。

"哈，你好像是鲜奶油的妖怪！好，今天我原谅你，你快去把脸洗干净！"

乔很自然地摆出大哥的派头，对杰克下达指示。乔无论是在气质上、还是在相貌上，都富有爱尔兰人的特色。与杰克相比较之下，他显得很性急，不过，却颇具爱尔兰人所特有的幽默感。

因此，杰克也很喜欢这位大哥。当然，有时见他摆出老大的架势，心里难免不服气，但对他也实在无可奈何，因为乔确实是老大，而且他的责任感和行为举止确实像个兄长。

每当父亲不在家时，都是由乔来教弟弟妹妹们游泳或驾驶游艇。乔不但自己对这类运动很拿手，同时也教导有方，对弟弟妹妹们都严格管教。

孩子们当中敢于反抗他权威的人，几乎只有杰克，至于那些妹妹对乔都很佩服，丝毫不敢违抗他的指示。 这位大哥对妹妹们并不因为她们是女孩而有所偏袒，因此，常常会看到这些妹妹们被大哥骂得哭丧着脸，离开网球场。

即使是女孩子，也不应该特别优待，这是肯尼迪家在教育方面的规则。 而乔确实也是一位好的领导者，这是因为肯尼迪家父母认为只要把老大教导好，下面的弟弟、妹妹们自然会以他为榜样，成为中规中矩的人。 由于父母有了这种信念，因此，从小就对他特别地加以训练。

也许肯尼迪家双亲是打算先让这位大哥成为弟弟妹妹们的领导者，将来长大之后，可以出任国家的领袖。 换言之，也就是让乔在孩提时代就培养出担任总统的才能。

用餐时，全部的兄弟姐妹都聚在餐厅，餐后又有巧克力派这类的甜点，因此，每天用餐时是一家人团聚的欢乐时光。 比如今天，连父亲也回来了，餐桌上就显得格外的热闹。 父亲由于忙于工作，多半是不回来用餐的，不过，他觉得最快乐的时刻就是与妻儿团聚，因此他都尽可能早点回家。

小孩子们也喜欢与父亲一起进餐，因为父亲很懂得如何引起孩子们的谈兴，然后很自然地将之导入议论当中。 因此，每当父亲在家进餐，常常会有一场活泼、热闹的辩论出现。

良好的家教

" 爸爸，到底这个经济大恐慌是怎么回事？ 是因为谁没有做好而造成的？ 应该由谁来负责？"

性急而又容易激动的乔，好像忍不住似的，连珠炮似地提出一连串的问题。 他所提及的这件事是发生在 1929 年 10 月，关于美国股票和证券暴跌的问题。

　　肯尼迪家的子女对这类时事问题都有相当地了解，同时也很清楚美国的历史，这必须归功于母亲罗丝的教导。因为罗丝在子女们还小的时候，就常带他们到波士顿的名胜古迹去，对孩子们讲述美国的历史。

　　等到子女们稍微长大一些时，罗丝为了要养成子女们的看报习惯，订阅了《纽约时报》。当然，有些内容是子女们看不懂的，可是这位母亲认为与其给子女一份太过简陋的坏报纸，还不如给他们一份内容好而且比较深刻的报纸。肯尼迪家的子女们就是从这份报纸上了解到美国所发生的许多大事。

　　作为父亲的约瑟夫也经常发表一些看法：

　　"哦，这并不是一个人就可负责的简单问题。乔，随着时代的进步和经济的景气而使用各种不正当手段来赚钱的那些不道德的股票商，要负一部分责任；至于那些对于股票没有正确的认识，却过于热衷的投资人，也要负一部分的责任；再就是对于这种状况没有适当地处置，以致引起此次大恐慌的政府也难辞其咎。

　　"所以，这个问题并不是三言两语就可以说得清楚的，这种状况也不是突如其来，而是慢慢形成的。只是目前已发展到相当严重的地步，无论是在政治上或经济上，都已产生空前的危机。过去的美国已经很繁荣了，我相信今后的美国必将更加繁荣。目前亟须的只是一位具有魄力、做事干脆利落的领导人。"

1929 年 10 月 29 日，美国华尔街股市大跌，金融危机爆发

　　此时，约瑟夫在心中所想到的合适人选，也许就是他的好

友——富兰克林·罗斯福。

在肯尼迪家，一切问题都是以这种方式提出并自由讨论，父亲与孩子们的讨论、辩解使孩子们能够学到更多的东西。

只有一个问题是禁止讨论的，那就是有关金钱方面的话题。父亲约瑟夫在当时已是美国少数的巨富之一，但子女们对这个事实并没有深刻的印象。

当时，还有一个传说，说约瑟夫在子女们满 21 岁时，会送给每个子女 100 万美金。 他的用意可能是考虑到子女已经长大成人，不需要再向父母伸手要钱了。 他们应该完全独立，以自己的方式去过独立的生活。 据说，子女们还是看到一篇杂志上的报道之后，才了解双亲的用意。

约瑟夫夫妇对于子女从不吝啬，但是也绝不会给他们过多的零用钱，或是用钱来讨好子女。 当时的肯尼迪家族虽是美国的巨富，但子女的零用钱却与一般家庭无异。

离家求学

次子杰克与双亲、姐妹们生活在一起的日子不多了。 1923 年从 9 月开始，杰克就要离家住校了。 杰克的小学教育是在附近的学校完成的。 老师们对他的印象是：长得瘦瘦的，平时能认真读书，待人有礼。

肯尼迪家的五个女孩子都是就读于天主教附属的私立学校。男孩子们却由于父亲的教育方针，读的都是与宗教无关的私立学校。 因为做父亲的认为，要使男孩子接受世界上的各种思想，还是在这种学校比较好。 了解各种不同的思想对于男孩子的将来比较有益处。

9 月终于来临了，杰克刚满 13 岁，他便离家进入了康乃狄

格州的纽密尔霍的堪塔布利学校就读，住进该校的学生宿舍。杰克只在这儿读了一年，这也是杰克所读的唯一的一所天主教学校。

1927年上三年级的肯尼迪

杰克在堪塔布利学校时热衷于体育活动。他在学科方面的成绩表现平平，不像在运动方面那么出色。杰克最不喜欢的功课是拉丁文，学校总是把成绩通知家长。有一次，父亲还亲自到学校去看杰克。杰克说什么也不肯牺牲运动时间，不过从此以后对功课知道加紧用功了。他曾经写信回家向父母报告，说他的拉丁文进步了13分。

但是，杰克在堪塔布利的学校生活却突然宣告结束，这是翌年复活节前的事。有一天夜里，杰克突然感到肚子疼，原来他患了急性盲肠炎，被立刻送到医院去开刀，后来又被送回家休养。等杰克完全恢复时，已是6月份快放暑假了。杰克干脆就不回学校，和家人一起到海恩尼休闲地度假——一家人每年夏天都会到这儿来避暑。

离家很久以后再回到家里，加上身体刚刚痊愈，杰克觉得家人对他特别客气、亲切。当假期过完，学校又要开学时，杰克已回复以前的活泼、健康，父亲的意思是叫他不要再回堪塔布利学校，而转到乔就读的学校——杰特高中去念书。

杰特高中是一所很有名气的、历史悠久的私立学校。一般清教徒上流社会的子女都是进入这所学校就读。相比较之下，堪塔布利学校所招收的学生却是来自各个层面。

杰克想到能和哥哥乔在一起，心里就非常高兴。但是，他一想到要离开堪塔布利学校，仍不免涌起一阵惆怅、黯然之情。

肯尼迪家兄弟姐妹的领导者——乔，在学校仍然是风云人物，他不但学业成绩很优秀，运动方面更为出色，是低年级学生都熟知的一位选手，杰克常以这位兄长为荣。

杰克当然也热爱运动，可是他在体格方面的条件不如乔。他并不魁梧，不过后来也终于成为学校的一名正式选手。

据足球队的教练说，乔是一位真正的运动选手，各方面的条件都很好。 杰克的技术就比较差，但他斗志高昂，精力旺盛，这足以弥补他在技巧上的缺点。

据说，这位教练由于对学生要求很严格，在球员练习时，常会拿着木棒处罚不合乎要求的选手。 也许是由于杰克跑得快，他从来没有被木棒打过。 由此可见，杰克的技巧虽然不是一流的，但他奔跑的速度很快，甚至连教练都追不上他。

杰特高中有广阔的草坪及点缀着美丽花草的小径，是一所充满宁静、祥和气氛的学校。

杰克住在旧的学生宿舍，这时候的杰克正是最喜欢恶作剧的年龄，住在那么安静而严肃的地方，实在不是滋味。 还好，每个星期天晚上，舍监太太总是会做些奶油甜点款待这些学生，这样才冲淡了杰克对宿舍的不满。

杰克在学校的表现很平凡，有优点也有缺点，不过大体来说他还是一位开朗、活泼的男孩子。

至于课业方面，他一直保持着中等水平。 他最喜欢的科目是英文与历史，因此这两科的成绩比较好。 他对于化学、生物、法文等科目比较不感兴趣，但他最不喜欢、最感到头痛的功课，仍然与在堪塔利布学校时相同——拉丁文。

在当年的老师、同学谈话中，我们可以发现少年时代的杰克并不是一位用功的学生。 然而，成年后的杰克却不同于往日，对于自己比较不擅长的事，都会加倍用功，认真地去学习。

当然，在学校时代，杰克何尝不希望能取得更好的成绩，但往往力不从心。 不过总的说来，他在高中的生活仍然是很愉快的。

在课业方面并不很出色的杰克，有一次却被同年级的同学选为将来最有希望的人。 也许在那个时候，同学们就已感觉到杰克这个人具有一种特别的才能与魅力，而这种特色并不会在学业上表现出来。

　　杰克经常穿一件卡其布的长裤和一件厚厚的毛线衣。对于穿着，他一向不太关心。尤其糟糕的是他经常记不清楚把东西放在哪里，因此，宿舍内务成绩往往很糟。他经常受到舍监的警告。

　　杰克偶尔也会做些不太严重、无伤大雅的恶作剧，或者是参加一些无意义的骚动。与他同一个宿舍的好友是利普·荷顿以及里斯·比林克斯，他们三个人常常在熄灯之后溜出宿舍，到镇上的小店去买冰淇淋，或者是在房间里比赛丢东西，有时不幸被舍监发现，总免不了挨一顿苛责。

　　进入高年级之后，杰克开始为自己的前途思考了。偶尔他会看着学生宿舍，思索这宿舍到底为何而存在，当然，这是为了方便学生用功学习而建的。他曾写了封信回家：

　　　　我曾与里斯讨论成绩的事，我决定不再像以前那么懒，我要更加用功地学习，争取更好的成绩。
　　　　如果我想到英国去玩儿，今年就必须要有好成绩才行（因为父亲曾经告诉杰克，如果成绩好的话，就让他到英国去旅行）。现在我仔细反省，发现我过去对功课实在太疏忽了，这是一种自欺的行为。

父亲收到这封信以后，非常高兴，立刻回了一封信：

　　　　平日你最缺少的就是率直，但这次我在你的信中感觉到了，为此我深感欣慰，而且你的字也大有进步，写得很工整。
　　　　杰克，我不希望你把我看成是一位爱唠叨、爱责备你的人。为人父母者，最忌讳的就是不断地责骂子女。
　　　　根据长久的经验，我自信我很会观察人。在我看来，你的素质很好，神赋予你的才能，你应该好好地利用,否则你就是个傻瓜。如果我没有忠告你,要你好好地利用你的素质和才能,那我不但没有资格做一个父亲,同时,也没有资格做你的朋友。

年轻的时候,如果没有打好基础,将来会后悔莫及的,因此我要求你尽量用功。这并不表示我对你的期望值太高,纵使你不是真正的天才,我也不会失望的,我只是期望你能成为一个有判断力、理解力和有价值的人。

当时的约瑟夫正受到刚上任的罗斯福总统的委托,担任证券交易委员会的主席,全力改变股票市场的不合理现状,工作上比以前更忙了。

约瑟夫本身也是以做股票买卖赚了大钱的人。让具有这种经历的人来担任这一职务,当时有不少人对罗斯福总统的举动深表怀疑。事实上,由于约瑟夫是熟知投机取巧操纵股票市场的人,以及非常了解股票市场的行情,所以,在他的全力以赴整顿之下,接连进行了很多有效的改革,总算把这场前所未有的股票市场的混乱状态逐渐稳定下来,股票信用也逐渐恢复了。

杰克进入高中以后,并不只限于用功读书及飞奔在运动场上,与朋友、同学聊聊天,阅读好的读物,也都是十几岁的少年所不可或缺的精神营养品。

杰克喜欢阅读历史方面的书籍及伟人传记,同时,也继续订阅《纽约时报》。他并不只是看看运动版及漫画,对时事也有很大的兴趣。

他的好友利普与里斯,对杰克在国际问题及美国历史上的丰富知识,深感钦佩。

有一次,他们曾问他:"为什么你会对这些问题具有如此丰富的知识?"又问:"你怎么可能把这方面的细节记得如此清楚呢?"

杰克面露得意地微笑说:"这是因为我书看得多,而且看完之后,总是再仔细地回想一下刚才所看的内容。你们应该知道

23

我并不是个记忆力很强的人，甚至还常常丢东西，但是我对自己很感兴趣的事，印象总是特别深刻。"

杰克很喜欢看书，也擅长写文章。曾有一位英文老师认为如果杰克能更认真、更用心地学习，将来很有希望成为一位优秀的作家。

再过不长时间，杰克就必须与杰特高中告别了。此时的杰克已是一位 18 岁的青年，身材仍是瘦瘦高高的，还有一个很显眼的狮子鼻，外表十分潇洒。不过，他的头发总是有点蓬松、杂乱，好像不太喜欢整理。

在功课方面，他已大有进步；对于自己的能力，他好像也更具信心。

如今，最困扰杰克的问题是毕业后到底进入哪一所大学比较合适。利普、里斯及杰克，这三个好朋友常聚在一起讨论这个问题。

"杰克，看来你是想进哈佛吧。这所大学不但是你父亲的母校，而且你哥哥乔目前也在哈佛就读。"

"话是这么说，可是我现在仍然没有非念哈佛不可的理由。"

"你说得也有道理，可是哈佛是全美第一流的学府啊！"

"可是与哈佛齐名的好学校也不是没有，像爱尔兰、普林斯顿……喂，利普，你一直在问我，你自己到底想念哪所大学？"

"我想进普林斯顿大学。"

"嗯，很不错。里斯，你呢？"

"我也想进普林斯顿大学。"

"真的吗？好，那我也决定进普林斯顿。"

虽然杰克的口气好像开玩笑似的，其实他心中已下定决心，要进普林斯顿大学。

杰克希望进入普林斯顿大学的理由并不完全是受到朋友的影响，他也许有一种与哥哥乔在不同的舞台上大显身手、一争短长的心理吧。

　　听到杰克的决定后，父亲约瑟夫难免有些失望，因为父亲原来是期望儿子能读哈佛大学的。

　　可是，约瑟夫的伟大之处也就在此：他虽然重视子女们的教育，为了子女，他愿意尽一切力量去支持，但是，他绝不固执己见，强迫子女们按照自己的意思去做。

　　换言之，他很尊重子女的自主权，只是在必要的时候，才给予适当的忠告与指导。 因此，对于子女的成长，这位父亲仍然具有很大的影响力。

肯尼迪

青年时代

　　民主国家的国民应该为自己的前途打算，要知道
生存的路只有一条，那就是国民的自觉。

——肯尼迪

漫长的假期

1935 年的晚春，杰克顺利地从杰特高中毕业。
他虽然离开了这所中学，但却仍然能与利普、里斯两位好友在普林斯顿大学见面。

在大学开学之前，有很长的一段假期，可以到海恩尼的别墅去享受游泳、驾游艇、打网球的乐趣，杰克邀请了利普、里斯一同前往。

这一次，很难得的是，肯尼迪家全部成员都齐聚在海恩尼的别墅里，而且利普也如约赶到，只可惜里斯临时有事，无法参加。 这次，乔的朋友汤姆也应约前来。

当利普看到修剪整齐的草坪及附有大网球场的肯尼迪家豪华别墅时，大为惊叹！更令他感动的是当时的政坛名人约瑟夫·肯尼迪，就像对待一位贵宾似的款待他这个仅仅 18 岁的少年。

还有一件令利普吃惊的事，就是肯尼迪家的女孩子。 肯尼迪家的男孩子自不用说，个个都很不错，没想到他们家的女孩子们也都很活泼和很大方。 他原以为对方到底不过是女孩子，随便就可以应付过去的，可一旦接触之后，就不得不提醒自己要小心一点，否则很容易会出丑的。

九个兄弟姐妹加上父、母亲及客人，一共 13 个人，享受了一顿丰盛而热闹的早餐之后，休息一会儿，就要展开一天的活动了。

"利普，今天你先来试试我的'维克多号'，我敢保证包你满意。"杰克兴奋地对利普说。

"维克多号"是杰克自用的小游艇，名字也是杰克自己取的。"维克多"是拉丁文"胜利"的意思。

"然后，我们再去踢足球！"最小的罗伯特也迫不及待地抢着说。

"对！我们来踢足球！"尤妮丝立刻表示赞成。

看来肯尼迪家的女孩子们真是巾帼不让须眉，连激烈的足球运动都很喜欢玩儿。同时，利普也深深感觉到肯尼迪家的女孩们都非常团结，凝聚成的力量实在不容轻视。

肯尼迪年轻时期的全家合影

父亲约瑟夫与母亲罗丝则面带微笑，很感兴趣地看着这群年轻人。

"对了！还有游泳！"乔也不甘示弱提出提议，同时还故意看看利普。

"如果你不介意，我们俩来赛一场高尔夫如何？利普！"做父亲的约瑟夫也忍不住插上一脚。

"听说你是杰特高中的高尔夫球名将，我很希望能看看你的绝技。"

"请别开玩笑！我是很想奉陪，只怕到时候心有余而力不足。因为驾完了游艇，又踢足球、游泳，哪里还有力气来打高尔夫球，到时候一定都累晕了！"

　　这时，乔的朋友汤姆好像故意吓唬利普似的说："喂！利普，你来到这么好玩儿的地方，怎么可以不尽兴地玩个痛快？人一定要在倒下去之后才停止的呀！这也是肯尼迪家的一贯作风，肯尼迪家的男孩儿女孩儿不到浑身是伤是不会停止战斗的。

　　"我告诉你，肯尼迪家在布隆克斯大厦的周围种了不少大树，他们就时常在那里踢足球。一般人，包括你我在内，在追球的时候，难免会碍手碍脚的，以免撞上了大树。

　　"但乔、杰克、罗伯特他们就不一样了，他们一玩儿起来，就把全部精神集中在球上，根本不管树的存在，结果经常与树撞个正着，头上起个大包还是小事，有时甚至还撞昏了呢。可是这种玩儿法真够刺激！"

　　"听你这么说，好像在看西部武打片儿嘛！"利普点着头，面带微笑幽默地回答。

　　这一来，大伙儿都"哈哈"地大笑起来。

　　接着，杰克就跟利普驾驶"维克多号"到海上去遨游。他们俩一边享受着海风轻拂，一边聊天。

　　忽然，杰克以一种很严肃的表情看着利普说："利普！看来这个暑假不能按照我们的计划进行了。"

　　"你这话是什么意思？"

　　"因为，我要到伦敦去！"

　　"这是好消息啊，一定是去旅行吧！"

　　"不，我不是去玩儿，而是去上学。"

　　"照你这么说，你是不打算进普林斯顿大学了？"

　　"不，我只去一个暑假而已。普林斯顿大学一开学，我就赶回来。你听说过哈勒维·拉斯基教授没有？"

　　"嗯，听说过，他是世界闻名的社会主义经济学家。"

　　"对，我就是要去做他的学生。唉，看来这个夏季，就要受他的宰割了！"

　　"相信你一定会很忙，说不定也许很有趣。可这到底是谁的意思？依我看，不可能是你自己要去的吧？"

29

"你这不是明知故问嘛，当然是我父亲的意思。去年乔已有过同样的经历，今年轮到我了。"

"我觉得令尊真有意思，他是崇拜自由竞争的人，又是资本主义方面的顶尖人物，如今却要自己的儿子去接受世界闻名的社会主义经济学家的教导。看来令尊是抱着'不入虎穴，焉得虎子'的观念。同时，令尊也一定是一位极具信心的人。如果没有信心，就会顾虑到自己的儿子会受拉斯基教授那种思想的影响。令尊的这种做法实在不是一般人所能及！"

"家父可能是认为如何处理社会主义、共产主义是未来世界上的大课题。要知道如何处理、改革，首先必须先有透彻的了解；要了解对方，最好的方法就是向对方最优秀的人士求教，才可以得知事物的真相。"

"对，可能就是这种用意，无论如何，这对你而言是个难得的机会，我想你一定很感兴趣的。"

"是呀，我现在就满怀好奇，能够亲眼看到这位举世闻名的拉斯基教授的尊容，是我最感兴趣的事。可是，要牺牲这个难得的暑假，实在令人惋惜！我本来打算痛痛快快地玩一玩，现在可好，连与女朋友约会的机会都没有了！"

"这你可是多虑了，天下的女孩子多的是，伦敦也有漂亮的女孩儿啊！我先预祝你一路顺风，开学时早点回来。"

"你不要认为这与你无关，就说风凉话啊！"

这两个好朋友天南地北地聊着，不断地爆出笑声。笑声在广阔的海面上随风四散，听起来格外地愉悦。

终于，杰克按照计划启程前往伦敦。拉斯基教授还记得杰克的哥哥乔的表现，他对杰克说："令兄是一位很擅长辩论的好学生。"

在拉斯基教授家中，常有许多杰克没有见过、也没有听过的人来访。这些人包括学者、革命家、作家等等。杰克对他们十分好奇，很希望能听到或了解他们的思想、观念，即使只是一部分也好。

　　然而事与愿违，杰克虽然有与乔一比高下的打算，却因为水土不服，生了一场重病。 因此，伦敦之行就在不理想的情形下结束了。 杰克患的是肝病，后来又转成黄疸，脸部、身上都变得蜡黄。

　　在举目无亲的异国生病，更使杰克感到寂寞与难过。 好不容易得到医生的许可，他立刻从伦敦出发回到海恩尼的别墅中。

　　要等到完全康复还需要一段时间，杰克的假期多半是在床上度过的，这个盼望已久的夏季就在枯燥无聊中消逝了。 秋天来临，普林斯顿大学已经开学，但杰克的病还未痊愈，他躺在床上干着急。 一直到开学好几个星期

普林斯顿大学

之后，他才得到医生的许可，到普林斯顿大学去上课。

　　抬头打量着展现于眼前的这栋具有古老传统的建筑，杰克不由得涌起一阵喜悦，心"砰砰"地跳着。 或许一方面是庆幸自己的康复，另一方面则是高兴自己终于跨进了大学之门。 在普林斯顿大学，杰克仍与杰特高中的老友里斯、利普同住一个房间。

　　这间房子并不漂亮，里面摆放着一些旧家具，窗帘也不大好看，墙上的油漆已经褪色，不论从哪一方面来说，都不是一间舒适的房子。 而且，洗脸的地方在地下室，为了洗个脸要上上下下爬75级楼梯。

　　当时，杰克只要多付一点房租，就可以租到更好，甚至称得上豪华的宿舍。 但是杰克不愿意这么做，因为他重视老朋友远

超过漂亮的房子。因为里斯和利普的经济情况都不太宽裕，他怕因此伤了他们的自尊心。

在普林斯顿大学的生活，从表面上来看，大致还算是顺利。杰克虽然希望能立刻参加体育活动，但为了慎重起见，他打算再过一段时期，健康状况更好时再参加。

大学时代的肯尼迪与同学合影

里斯与利普则早就参加体育活动了。杰克就在这段期间里，有时练练拳，有时则向里斯、利普学一点他们在社团中学到的东西；偶尔也为利普服务，例如在他参加比赛前，替他按摩，或者在比赛中途为他加油，以及向他们提出各种忠告。

然而，这种情形没能维持多久，因为圣诞节前，杰克的肝病又复发了，医生警告他："在这个冬天，你最好到亚利桑那州一带去休养，绝不可勉强运动或做太多的活动。"

这个冬天以及翌年的春天对杰克而言实在是太漫长了。像他这种原本活跃在运动场上的青年，现在要他去过安静的疗养生活，实在是一件很痛苦的差事，但为了防止旧病复发，他只好耐心地忍受着。

由于认真遵照医生的嘱咐过着静养的生活，夏天快来临时，杰克的健康已经完全恢复了。

学校的新学期已快开始，但杰克反而感到烦恼。因为他即使回到普林斯顿大学去，也不能再与利普、里斯读同一年级了。因为他请假太多，必须留级一年。杰克心想与其留级一年，还不如不回普林斯顿大学。

父亲深深理解杰克的心情，他曾写了一封信给杰克，问他要不要到哈佛去。

父亲这一次的建议，杰克没有拒绝。后来，他终于正式成为哈佛大学的学生了。

进入哈佛大学

1936 年 9 月，杰克回到了几乎有十年不曾看过的故乡波士顿。当时最高兴的是外祖父——"可爱的弗兹"，他仍住在波士顿，而祖父帕特里克早在 1929 年就去世了。

这位兴奋的外祖父望着刚刚大病痊愈的外孙子，仔仔细细地从头看到脚，觉得非常满意，认为他是一位值得信赖的有作为的青年。

"我有九个外孙，如今可以看到的只有乔，现在你来了，我的满足感已经从原来的九分之一，上升为九分之二。"

弗兹常常会面露微笑地对杰克这么说，从他老人家的表情看来，他确实是无比地高兴。

哈佛大学位于波士顿近郊一个名叫剑桥的小镇上，是全美最古老的一所大学，建于独立战争前 140 年的 1636 年，是由当时一些清教徒们所创办的。

剑桥这个地名就是那些清教徒所取的，因为他们怀着很大的希望，希望这所大学能与英国的剑桥大学一样成为世界闻名的学府。

事实上，哈佛大学的地位确实不逊于英国的牛津大学及剑桥大学。英国这两所大学培育出了不少英国的领袖人物，同样，哈佛大学也培育出了许多美国政治、经济、学术等各方面的领导人才。

杰克进入这所具有辉煌历史与优秀传统的大学后，是否能一改过去的作风，痛下决心认真念书呢？遗憾的是，他并没有这么做。

　　成为哈佛大学新学员的杰克，最热衷的仍然是体育，像足球、游泳、高尔夫等等，都是他所喜爱的运动。因此他常常主动地去参加各种体育社团。

　　一位正在观看新生练习足球的教练对他身边的朋友说："你看，好像有一位不可多得之才——现在正在那边跑的年轻人，就是那位中锋，将来一定可以训练成优秀的体育选手。"

　　这位教练所指的青年，就是后来哈佛大学足球队的灵魂人物——托巴·麦克唐纳。

　　"喂！你看那个'排骨'，人虽瘦弱，斗志却很旺盛，球也传得不错，只是以那种身材踢足球，似乎有点吃不消。"

　　现在他们注意到的是杰克。杰克原本就不是健壮型的人，再加上最近长期卧病在床，外表上来看，当然不够健壮。

　　此时杰克的身高是 183 厘米，个子挺高，就是因为体重太轻而不能做很好的配合。像他这种条件，对于一位足球选手来说，实在是相当不利的。但是，杰克不会因为这一点小挫折而放弃，他还是参加了一年级的球队，从事强度大而且辛苦的训练。

　　杰克觉得最高兴的一件事，是他因为参加足球队而认识了托巴·麦克唐纳这位好朋友，大家都叫他托比。他后来成为麻州的众议员。

　　不久之后，他们两个人就成为室友，经常一起活动。

　　杰克非常佩服托比，尤其是在足球方面。他总是看托比的眼色而行动，同时也经常向他讨教。

　　"喂！托比，我有件事想请你帮忙。"在一次足球练习之后，杰克一边淋浴，一边对站在身边的托比说。

　　"什么事，怎么这么客气？真舒服！运动流汗之后淋浴，真是人生的一大享受！"

"我是想麻烦你，帮我练习传球！"

"咦？你可真奇怪啊！传球不是你最拿手的吗？"

此时，先冲好澡的杰克正拿着梳子一面整理他那头湿淋淋的头发，一面对仍在冲浴的托比说："为了弥补我体重过轻的缺点，我必须练好一项绝技，希望将来能凭此进入校队。我的传球还算不错，我想再下苦功夫练习，希望到时没有人能比得上我。"

托比听完杰克的话，立刻表示赞成。

从此以后，每天黄昏时分，在运动场上都可以看到他们俩在认真练习传球。没过多久，他们两个技巧熟练、默契的传球，果然受到高年级学生的注意，偶尔也被叫去作为训练的对象，这使得他们在同学面前颇出风头。

虽然杰克一直在拼命地练习，但因为体形瘦弱的缘故，最终还是没有成为校足球队的一员。

这对他来说，实在是一个很大的打击，但是杰克并未因

哈佛大学校园的约翰·哈佛铜像

此而灰心，他仍然没有放弃练习。终于，有一天因为他过分激烈地练球，使得背部受到严重的外伤。这次受伤，几乎令他险些丧命。

在足球选拔时遭到淘汰的杰克，却在另一项他拿手的运动中崭露头角——他成为了游泳队的仰泳选手，正式代表学校参加比赛。

眼见与爱尔兰大学的校际游泳比赛就快到来，杰克每天要花更多的时间来练习。但不知怎么回事，成绩一直不理想，所

以，他只能更加拼命地训练。

终于，预赛的日子来临了。 虽然杰克的身体并未完全康复，但他一点都不因患了感冒而退缩，还是勇敢地参加了预赛。

"预备，起！"

1936年约翰（后排左边第三位）参加哈佛游泳队比赛

杰克拼命地划着水，这是他最拿手的仰泳，是否能顺利地通过而获得参加对北爱尔兰大学校际赛的权利，就看这一场预赛了。 因此，杰克心无二用，拼命地向前划着。

"杰克，加油！"托比在池边声嘶力竭地喊着。

尽管杰克使出了全身的力气，最后还是没有通过预赛。

在这次预赛中，击败杰克而入选的是他的同班同学理查·特卡斯基。 这位泳坛健将后来写了一本《瓜达尔卡达战役》，并因此书而成名。

事实上，并不是每一位哈佛大学的学生都热衷于体育，他们对于世界局势、国家大事也相当关心。 在上世纪 30 年代后期，国际形势愈来愈复杂，社会也日趋混乱。

纳粹德国希特勒在欧洲的野心越来越明显，西班牙又发生内战，各国之间彼此猜疑，这种情形日趋严重。

在亚洲，日本在 1937 年的夏季开始全面侵略中国。

哈佛大学校园里的学生们经常围在收音机旁，收听罗斯福总统的讲话，或者是希特勒发表的激烈演说。 有关世界局势的演变，每个学生都相当了解。

同时，在校园中还有自由主义、和平主义、社会主义、共产主义等派系的区分。 有的学生甚至还装模作样地发表高论。 总之，当时学生的政治活动很流行。

可是，杰克却未参加这些活动。 也许，当时的杰克对政治并不太感兴趣。

至于学业成绩方面，杰克并没有积极的表现，虽然还不至于不及格，但平均成绩总是"C"。 在功课上，杰克称不上优秀。

直到 1937 年，也就是杰克读大二的那年夏天，他的这种情况才有一些转机。 那年的夏天，杰克与以前在杰特高中和普林斯顿大学的老友里斯前往动荡不安的欧洲旅行。

里斯在经济上并不宽裕，因此，这次旅行他必须尽量节省开支。 杰克总是处处配合好友，住的都是廉价的旅馆。 不过，他们仍然玩得很愉快——旅行的乐趣原来就不是以钞票的多少来衡量的。 他们两个人是多年的好友，不但谈得来，而且又都年轻，极富好奇心，只要兴致所至，到处都去玩儿。

在意大利，他们曾去攀登维苏威火山；在西班牙，他们欣赏了斗牛；在巴黎，他们去凭吊拿破仑的坟墓，参观了罗浮宫美术馆，也曾在露天咖啡店坐下来，一边品尝着香醇的咖啡，一边与身边的法国客人闲聊。

表面上，他们似乎与一般的观光游客无异，但事实上，这两位年轻人都没有忘记自己是大学生，因此每到一处，他们都很仔细地用心去思考、去观察。

1938 年 7 月 4 日肯尼迪家族在英格兰伦敦庆祝美国独立日

例如，在意大利，他们发现法西斯主义深受人们的欢迎；在西班牙，他们深深地了解到当时大部分的美国人对于这个动乱不安国家的认识不够，尤其对于佛朗哥（西班牙军人兼政治家）与政府军队及教会的关系更是不了解。因此，这次旅行杰克的收获实在不少。

到了秋天，杰克又回到学校，他一改过去的作风，开始认真地学习。也许是这次欧洲之行使他深切地感觉到在大学里所学的知识与实际的国际状况仍有相当密切的关系。

从此以后，杰克更注意看报纸，同时也阅读不少政治理论方面的书籍。

曾有一位教授批评杰克说："肯尼迪的学习方式，在准备方面还有一些漏洞，但是他在各方面的能力，大致来说还是相当不错的，这个人如果做研究工作是相当在行的。"

外交官的助手

就在杰克去欧洲旅行的这一年年底，罗斯福总统委派约瑟夫出任驻英大使。

这是当时美国外交人员所期望的很高职位，在社交方面，可与当时最高阶层的人士往来。

一位爱尔兰移民的子孙，同时又是天主教徒，却被任命为驻英大使，这确实是令许多人惊讶的人事派遣。这一来，约瑟夫不但拥有丰厚的收入，同时也拥有令人羡慕的名衔。

不久，约瑟夫就带着夫人罗丝以及凯萨琳、芭特莉希亚、爱德华等，住进了伦敦的大使馆。

从此一家人就分住英、美两国。虽然远隔重洋，但是这对富豪家庭来说，根本不算什么，他们乘坐飞机好像坐汽车一样方便。如果有什么事情，可以随时用长途电话联络。

1939 年 3 月，肯尼迪和他的父亲
约瑟夫大使一同去英国

由于父亲出任驻英大使，使肯尼迪家的子女都得到了很好的机会来扩大国际视野。尤其是对于杰克来说，这正是他研究国际问题的绝佳机会。

由于在哈佛大学的学业尚未完成，杰克无法随着父亲长住英国，不过，前往伦敦的机会却从此增多。 例如 1939 的初秋到冬季，也就是杰克大三的第二学期，就是在英国及欧洲度过的。他在这个时候开始帮助父亲处理公务上的事情。

此时，正值第二次世界大战爆发前夕，欧洲的气氛十分紧张，杰克所见到的和所听到的，又与 1937 年的夏季欧洲之旅完全不同，到处都充满了新的刺激与前所未有的感受。 对杰克而言，这次的收获也相当丰富。

在这半年中，他到底做了些什么事呢？

约瑟夫大使就任以后，一直觉得大使馆中的人手不够，再加上当时国际关系很紧张，几乎天天都有新消息，或出现某种新形势，需要向本国政府报告的文件相当多，工作极为忙碌。

驻英大使约瑟夫和他的
两个儿子乔（左）、杰克

在哈佛大学的长子乔，本来还能帮助忙碌的父亲处理一些事情，但是，如今乔也开始向政坛进军。 1939 年恰好是美国民主党的全国大会（提名总统候选人的大会）的前一年，因此，乔无法一直待在伦敦，他必须回国为自己的仕途活动。

杰克一方面想帮助父亲，另一方面也考虑到这份工作可以扩大自己的视野，因此在得到学校的许可之后，就立即横渡大西洋，来到伦敦。

约瑟夫面对着前来助阵的次子，所下达的工作命令是："我希望你能到各国去，然后把你所观察到的事情，向我报告。 你最好能访问各阶层的人。 这是你学习的最好机会。 如果你对这份工作感兴趣的话，将来也可以当外交官。"

杰克听着父亲的指示，心里在想当外交官也很不错啊！

对肯尼迪家而言，长子乔进入政界已成定局。 至于次子杰克的前途，则还是个未定数，就连杰克本人暂时也无法决定他将来要做什么事。

杰克遵照父亲的命令，首先来到法国巴黎，并住进美国驻法大使馆。 后来他又到了波兰，在波兰停留了两三个星期。 利用这段时间，杰克访问了很多外交官、新闻记者以及其他许多有名的、无名的波兰人，探听当时波兰与德国的状况。 当时的波兰与德国正为了国境上的一个小城——但泽的归属权而使彼此的敌对意识日渐加深。

杰克把这件事写成一份报告，呈给父亲：

> 波兰人对于这个问题，不论抱着哪种出发点，都反对为了但泽问题而与德国开战，这是我所感受到的最强烈的印象。

宁静的波罗的海海边城市但泽

杰克的报告经常都是如此冷静而客观，而且他的看法颇具弹性，不局限于一种立场。这种冷静的个性是他的特色之一，他后来之所以能成为一位成功的政治家，与这种性格有相当大的关系。

在这一方面，哥哥乔就比不上杰克了。乔比较容易冲动，易受感情的影响，不像杰克那样知道做某些折中，乔比较缺乏这种弹性。

其后，杰克又前往苏联。他对苏联的印象是：一个很具官僚作风的国家。

很快三个月过去了，夏天来临，对杰克而言，最高兴的事是好友托比的来访，两人又能相处在一起了。

他们两个人时常驾一辆车，到处走动。在这期间他们留下了许多愉快的体验，也留下了可怕的回忆。

有一次，他们两个人与另一位美国青年一起到德国去玩。三个人从柏林开车前往慕尼黑，想去看看纳粹的领导者——霍尔兹·贝薛的坟墓。

到了目的地后，他们把车停在路边，然后走到墓前，墓碑相当别致。

"到底写些什么呢？"托比仔细地看了一下墓碑上的德文，满怀好奇地说。

"你来问我，那真是问到文盲了！"杰克也看了一眼，然后漫不经心地回答。

三个人都不约而同地笑了起来。就在此时，有许多小石子飞了过来，四个人立刻躲到墓后藏好，这才看到有五六个德国青年正朝着他们扔石子。这几个德国人不但向他们攻击，还朝他们停在路边的车子扔石头。

"粗鲁的德国人，与我们到底有何恩怨，拿我们来泄愤？"托比愤怒地说。

"我们应该告诉他们，我们是美国人，不是英国人。"另一位美国青年这样说。

　　"不！还是别说为好。"杰克阻止他们，"虽然我也不甘心受辱，但还是忍一忍比较好。 即使向他们说明我们不是英国人，他们也未必会相信。 我们的车子挂的是英国的牌照，同时，美国驻英大使的儿子在慕尼黑与德国不良少年闹事的消息传出去也不好听。"

　　"你说得也有道理，我们赞成你的意见。"两个人听了杰克的分析，都深有同感。

　　因此他们三个人一边躲着飞来的小石头，一边偷偷溜进车中，那些德国青年还心有未甘地大声斥骂他们。 在开车途中，他们三个人互相看看，然后耸耸肩自认倒霉。

　　"即使他们以为我们是英国人，可是德国到底还未与英国开战啊。 他们的行动也太奇怪了!"托比无可奈何地说。

　　"不过，从这件事我们可以知道德国人是多么仇恨英国人，也知道德国政府

20 世纪 30 年代的德国

已教导民众去痛恨英国。 刚才那些青年是无知的，一见到英国人就丢石头，纳粹的教育实在令人害怕，他们这种教育方式是我们所赶不上的。"杰克以一种冷静而客观的态度分析着。

大战前夕

夏天快结束了，杰克不能再在英国逗留太久，他必须要回到美国去。托比愉快地结束了这次暑期旅游，并对自己此行的收获颇感满意，他比杰克早一步回到国内。

欧洲的紧张局势愈来愈严重，各国政府对于民众期望和平的愿望似乎都置之不理，并开始积极地准备战争。

1939年9月1日，纳粹德国正式入侵波兰，画着纳粹符号的德国战车、飞机毫不留情地开始进攻。仅用半个月的时间，波兰即被占领。

9月3日，与波兰订有安全防卫条约的英国和法国正式对德宣战。

9月3日的半夜时分，美国驻英国大使馆的电话铃声划破了黑暗的寂静，拿起话筒的约瑟夫脸色突然变得凝

波德战争爆发前夕，集结在德波边境待命出击的
德军坦克机械化部队

重而紧张。原来电话的另一端，正向他报告一艘在大西洋航行的英国客船"亚瑟尼亚号"在格拉斯哥附近的海面上受到德国潜艇的攻击而沉没的消息。

那个充满紧张的声音继续报告这个噩讯："如果只是如此，还与我国没有直接的影响，可是在'亚瑟尼亚号'上，却载有两百多名美国乘客。"

载着中立国乘客的客轮却受到攻击而沉没，这实在是有点过分。但现在已经没有时间去评论这种攻击行为是否应该，大使只是立即要求对方进一步报告罹难人员的救助情况。

"救援的船只现在正驶往出事地点。目前情况不明，不知道能救起几个人。如果有人被救起，一定会送往格拉斯哥的医院去治疗的。"

"哦，我知道了，谢谢你，也辛苦你了！我马上就派人去处理生还者的事情。不过，还请你继续照顾那些罹难人员！"

放下电话的约瑟夫大使在心中盘算了一下，然后推开门，走到走廊上。

不一会儿，这位大使来到次子杰克的房间外，轻敲着房门。他知道杰克这几天的工作非常辛苦，一定很疲惫，需要休息。他原本不想打扰他的睡眠，然而此刻情况紧急。

听到敲门声，杰克半睡半醒地下了床。打开房门，睁着一对惺忪的睡眼，注视着门外的父亲。

"杰克，我想请你去做一件事，我知道你现在很累，但情况紧急，你最好马上准备行装，现在你先穿衣服，让我来告诉你详细的情况。"

杰克飞快地准备着随身携带的行装，就在他做准备及穿衣服时，父亲已扼要地把这一事件从头到尾说了一遍。同时，要他立刻赶往格拉斯哥，去帮忙处理搭乘"亚瑟尼亚号"的美国人的事情。

"生还者一定都很紧张、激动，所以你必须保持冷静沉着，随机应变。同时，不要忘了随时向我报告。可能的话，也把沉船当时的情况调查清楚。"

来到格拉斯哥的杰克，所见到的是一片混乱、悲惨的场面，可以说是前所未见。

由于客船被击沉时，还发生了爆炸，因此当场就死了 12 个美国人。 其余的生存者虽被救援船只救起，但绝大部分都受了伤。 因此，整个医院中，到处可见医生及护士们来去穿梭忙碌的情景。 这种情形更加深了杰克对战争恐怖的印象。

杰克首先向伦敦的大使馆报告死亡者的名单，并对死者的亲属深表哀悼之意，接着又去安慰受伤者。 杰克特别关心这些受伤者的吃、穿方面的情况，然后又利用一点时间去打听船只被击沉时的状况。 他主要的打听对象就是当时船上的船员及乘客。

"首先我们听到了爆炸声，然后看到船在冒烟，当时大家都慌乱得向甲板上跑。 一直到现在，我想起来还觉得心惊肉跳，我居然还能活着，实在难以置信！"

一位妇人激动地说完之后，合掌祈祷上帝的保佑。

"我亲眼看到德国的潜艇。 因为在我们被击中之后，这艘潜艇就浮出海面，看上去很刺眼。"有一位船员描述着说。

最使杰克感到困扰的问题是如何把这些美国人送回国内。因为搭乘"亚瑟尼亚号"的人，绝大部分都想早一天离开混乱的欧洲，他们最盼望的就是早日安全地回到美国。

杰克经过与伦敦方面的电话联络后，所得到的确切答复是尽快地派"欧里巴号"赶到格拉斯哥，护送生还者回到纽约。

然而，这些生还者对于搭船仍然是心有余悸，他们对于这个安排不甚满意，要求给予安全保障。 也许是因为太激动的缘故，他们提出的要求都是随便而任性的，想要说服他们实在不容易，这就是肯尼迪最头疼的事。

有一个妇人甚至说："我才不敢搭'欧里巴号'呢，如果再像'亚瑟尼亚号'那样的话，我的命一定保不住了。 你要知道，德国人现在才没有功夫去想这艘船是中立国的还是敌对国的。"

"不过，夫人！'欧里巴号'挂着巨幅的美国国旗。 如果德国胆敢肆无忌惮地攻击这艘船的话，等于是向我们宣战。 虽然德国的所作所为有点疯狂，但我相信他们还是不敢这么做的。"

"希特勒要做的事，你也有把握吗？依我看美国政府如果是要真正保护我们的安全，应该派军舰来才对。"

"我也赞成这个意见，政府应该派装有大炮的武装军舰来，否则我是不上船的。"

"我也是这个意思。 我过去一直是奉公守法按期缴纳很高金额的税金，你可知道我们纳税的原因吧！"

这些人所说的确实也有几分道理。 为了说服他们，杰克真是觉得唇干舌燥，头都要炸裂了。 最后好不容易才把他们安抚下来，答应乘上"欧里巴号"。 可是，杰克连喘口气的时间都没有，又立即搭火车赶回伦敦。 此时杰克已经是精疲力尽了，但是，一种关心这场战争未来的发展及祖国将来命运的力量，使他一直坚持下去。

《英国为何沉睡》

这件事情发生后，又经过两三个星期，到了 9 月底，杰克才回到哈佛大学继续他未完成的学业，算来他离开哈佛大学已有半年多了。

这个时候的杰克，已经是 22 岁的大学高年级学生。 在过去的半年中，他帮助父亲到处奔波，这种体验给予他新的印象与信心。

这次回到学校后，杰克才开始真正关心自己的功课。 虽然他对体育仍像过去一样热爱，但对于功课方面有这么大的兴趣却还是第一次。

为了追赶落后半年多的功课，杰克比其他学生更加用功，准备更多的讲义，可是他一点都不觉得辛苦。

由于他对功课的态度和观念都转变了，因此成绩直线上升。以前是"C"的科目，如今都是"B"，有的甚至还拿到了"A"。

"肯尼迪从伦敦回来以后，好像变了一个人似的，长大了，也稳重多了。他的智力比以前成熟了很多，反应比以前更敏锐了。"这是当时指导杰克的教授们对他的评语。

在这个时候，杰克最认真去做的事，就是以他在欧洲的所见所闻为题材来写他的毕业论文。虽然杰克的政治学的成绩很不错，但是如果想以优秀的成绩毕业，还必须有一篇优秀的论文。

从战争前夕一直到战争爆发，杰克在欧洲亲身经历了不少事情。在整个哈佛大学校园中，有关国际政治问题方面，杰克还真称得上是一位小权威。

欧洲的战况愈来愈恶化，英法联军连连败退。这实在令美国人感到意外，他们想不出为什么英、法军队会如此脆弱。当然也有不少人在分析、评论英法节节失利的原因。

杰克的好友托比及另一位室友班·史密斯对于这些国际问题总是对杰克的意见很有信心。杰克所作的评论并不完全是攻击、反对性的议论，他总是站在冷静的旁观者的立场，因此他的话特别具有说服力。

"德国的闪电战说实在的，真是了不起。纳粹的机动力量真是很厉害，照目前这种状况发展下去，还真不知道会形成何种局面，而英、法军队也不知要输到何种地步才能开始反攻。"托比坐在零乱的房间中，伸长着两条腿，好像很佩服德国的闪电战似的说着。

"如果能有反攻的机会那就不错了，依我看，英法是连应付德国的攻击力都成问题。如果无法抵抗德国的攻击，我们将眼看着欧洲地图的更改，这实在很糟糕！法国如今已危在旦夕，还能支持多久，实在令人怀疑；英国虽然隔着一道海峡，但也如风中蜡烛一般，很快就熄灭。"班·史密斯慢慢地吸着烟斗，评论着局势。

"看来，民主国家过去都太沉迷于天下太平的美梦了。"

这是杰克的评论，他继续谈着："事实上，对于目前这种状况，我也觉得很不甘心，无论是英国，或是法国，那些政治家们真是都太愚蠢了，这也是现在社会上一般人的看法。"

"嗯，我也有这种看法，班，你认为如何呢？在慕尼黑会议时，英国首相张伯伦如果不那么懦弱，稍微强硬一些，不要一味地让步，就不致演变成今天这种危险的局面。你们认为我说得对不对？杰克！"托比感叹地说。

"托比，你这种看法也就是报纸所刊载的论调，也是社会上大多数人的想法。当时的英国人带头非难张伯伦那些人，都认为原本不应让步的，而张伯伦竟然让步了。看来，这个人好像是缺乏政治家的魄力，其实并不然，对于这种看法，我不敢完全赞同。"

班·史密斯与托比对于杰克的看法和评论深感好奇，更聚精会神地听他分析：

"真的，对张伯伦的让步与否，我的看法与大众不同。因为当时的英国不但在精神上，甚至在其他各个方面，都不具备强而有力地支持张伯伦的条件。国会总是为了一些无聊的争执而搞得乌烟瘴气；资本家及劳工组织一味地为自己的安全、利益打算。因此，在国会之中，国防预算就成为大家攻击的目标，至于社会上的和平主义者，只会在口头上唱高调，除了好听以外，一无是处。

"在这种环境中，我们还能期望张伯伦搞出什么名堂来呢？换言之，英国在军备上远不如德国，这个责任并不能完全由张伯伦担负，所有英国国民都有责任。"

"照你这种说法，你并不只责备政治家，同样的，对国民也有要求了，是不是？杰克！"

"可以这么说。不过，我并不认为张伯伦是一位伟大的政治家，我认为民主国家的每一位国民，应该更重视自己国家的命运才对！

"希特勒可以下令要求国民做什么，但张伯伦就不能够。不，确切地说，张伯伦必须接受国民的控制；重视国民的意见，这件事本身并不是什么坏事，但是为了某种意识而接受意见、接受控制，这就会造成问题。英国国民把个人的利益及损失看得比国家还重，这已形成一种舆论，并对张伯伦的行动发出刹车停止的控制作用。"

"唉，在英国还是犹豫不决的时候，德国却加紧地充实军备，加强军事力量。"班•史密斯深深地吸一口烟说。

杰克望着他抽烟出神的样子说："抽烟看来好像很麻烦，可是，这种抽烟的滋味又好像还挺不错似的。"

"对了，杰克！听说在你们家中，如果子女在 21 岁前不抽烟、不喝酒的话，你父亲会颁赠奖品，是吗？看来你很有希望获奖。"

"哈哈！我去年就已经拿到奖品了。由于大哥的示范作用，在我们家大大小小的人都能遵守这个约定。并不是为了奖品而禁烟、禁酒的，事实上，能控制自己也是一件很愉快的事！"

"好了，我们还是言归正传，继续谈论这场战争吧。我最近深刻感觉到一旦发生战争，或是正式宣战后，像英、法这种民主国家，表现出来的效率总是很差！"

"也许还是你说得有道理！因为这些民主国家的国民们，不可能完全按照政府的命令去行动。"

"是啊！所以民主国家的国民应该为自己的前途打算，要知道生存的路只有一条，那就是国民的自觉。不要总是期望国家的保护，也应该想想自己可以为国家做些什么，否则民主国家也会灭亡的。我希望我们的国家可以从这次欧洲的战乱中学到一些教训。"

20 年以后，杰克当选美国总统，就曾把这段话的意思做了进一步的阐述，并告诉给国民。他那篇富有感召力的演讲远比讨好国民的软弱演讲更受人民的欢迎。

杰克就以这种想法为基础，开始撰写他的毕业论文。在这期间，他每天都到图书馆去查看英国国会及外交部的记录，同时也仔细地阅读英国报纸以及经济杂志。他常常工作到夜深人静才休息。托比及史密斯虽然偶尔会邀杰克去参加派对，但杰克多半都拒绝了。

1940 年的初春，杰克终于完成了这篇苦心撰写的论文，送请指导教授审阅。严格地说，这到底还是学生的毕业论文，有些词汇可能会用错，整篇文章的思想内容也未尽成熟，而且有的地方叙述得太繁杂，总之缺点不少，但就整体而言，仍不失是一篇好论文。这篇论文给指导教授印象最深的是：杰克已经能以成熟、冷静的眼光来观察事情了。

此时，欧洲的局势又有了新的变化，法国终于向德国投降，英国的处境更加危急。就在这万分危急的时候，英国新首相邱吉尔上台组织战时内阁，发挥他卓越的领导才能，重新鼓舞国民的战斗意志。

这次欧洲的战争，美国什么时候会被卷入没有人知道。在美国国内，有人主张应该参战，也有人极力反对。总之，大家都怀着不安的心情注意着大西洋彼岸的局势变化。

杰克就是在这种动荡不安的世界局势中，于 1940 年 6 月由哈佛大学毕业了。

毕业典礼的一切程序都是依照惯例进行的，杰克的母亲及妹妹们都赶来参加他的毕业典礼。

1940 年 6 月 20 日肯尼迪在哈佛毕业典礼的照片

"哥哥，恭喜，恭喜！你穿上了学士服，才像是我的哥哥。"

　　这是与杰克感情最好的妹妹凯萨琳，看到穿着学士服的杰克，以一种半开玩笑的口吻说的。

　　虽然年纪已经很大，但是看起来仍很年轻的母亲罗丝，望着穿上学士服的儿子，显得非常高兴地说："你还得了优等奖啊，来，奖状给我看看！啊，政治学优等生！如果你父亲能来参加的话，看到这张奖状，一定非常高兴！"

　　身为父亲的约瑟夫大使，在这种国际局势日趋紧张时期，实在无法离开伦敦，更不能前来参加杰克的毕业典礼。

　　"啊，对了，我今天收到父亲打来的祝贺电报，妈妈，您看！"

　　杰克从口袋中拿出一张纸，罗丝接过去，慢慢地念着："对于你，我早就清楚知道。第一，你很聪明；第二，你是位了不起的人才！""杰克，你看你父亲这样高兴，好极了。杰克，你总算是有始有终地走完了一个阶段！"母亲罗丝说道。

　　"妈妈，不能算是走完了，我的认真学习是现在才开始呢！"

　　"也是，杰克，你说得有道理。"

　　"哥哥，你从现在开始要做什么？是不是打算先痛快地玩儿一阵子？"望着哥哥严肃的神色，妹妹芭特莉希亚故意逗他说。

　　"当然！我很喜欢玩儿，去年夏天连游泳都没时间，今年我打算好好地游一游。"

　　"好！你可以尽情地去游玩儿了。"芭特莉希亚以一种大人的口气说着。这下子把大家都逗笑了。

　　虽然，他们表面上都这样轻松地谈笑着，但事实上，每个人的心里都在担心往后国际上的局势发展，从而联想到现在这种和平、幸福的日子，到底还能维持多久。

　　杰克知道自己所写的毕业论文会带给众人很大的震撼，因此，他计划把这份论文重新加以修改、补充，然后出版。

　　对于他的这个计划，哈佛大学的指导教授及伦敦的父亲都深表赞同。

毕业典礼之后没多久，即7月份，杰克撰写的《英国为何沉睡》这本书问世了。

出版以后，书的销量出乎意料的好，仅美国国内就销售了4万本，在英国也卖出4万本。顷刻之间，《英国为何沉睡》成为一本畅销书。

哈佛大学纪念楼

约瑟夫大使对于儿子的成功自然深感得意，他甚至还送给英国女王和新上任的邱吉尔首相以及杰克以前的老师——拉斯基教授每人一本。

"这本书受到高知识阶层人们的好评，对于你的将来很有帮助！"

这是8月中旬，约瑟夫大使写给儿子杰克信中的一句话。

加入海军

1940年夏天，肯尼迪家的九个子女，一个也不少地聚集在海恩尼别墅。这也是九个孩子全部聚集在一起享受的最后一个暑假。长子乔目前正是哈佛大学法学院的研究生，为了将来能成为一位政治家，他继续充实知识；次子杰克，今年23岁，是一位畅销书的青年作家；次女凯萨琳则是华盛顿《泰晤士报》的记者。有这么好的兄弟姐妹做榜样，海恩尼的夏天生活，孩子们都过得很愉快，很充实。

他们打高尔夫球、踢足球、驾驶游艇、游泳，也常聚在一起辩论。

用餐是他们话题最多的时候，国内政治、国际问题固然是他们讨论的对象，至于书籍的出版、电影、运动也是他们热衷的话题。总之，他们讨论的范围很广泛，过程活泼有趣，这种情形常常使来访的朋友深受感动。

曾经有人说："像这种家庭，在美国国内是不容易找到的。"当时最高法院法官道格拉斯也是肯尼迪家的朋友，曾经对肯尼迪家子女们相处的融洽，有如下的评论："一般小孩子长大之后，都是到家庭外面去寻找快乐或刺激，可是肯尼迪家的这些年轻人却不同。他们在自己的家里，就可以找到很多有趣的事。"

碧绿的海水、白色的沙滩，能在这么美好的别墅中度过炎热的夏天，自然是一件很愉快、很舒适的事；但是，肯尼迪全家却为了一件事牵挂，那就是单独留在伦敦的父亲——约瑟夫大使。因为，当时伦敦正受到德国猛烈的空袭，有时德国甚至派出一千架飞机的大型机队来轰炸。派驻伦敦的约瑟夫大使的处境实在令人担忧。

德国空军空袭伦敦

他偶尔会回国述职，每次都成为新闻记者们包围的对象，记者们向他探听伦敦遭受轰炸的情形。对于这种问题，约瑟夫大使总是不直接回答，而是皱皱眉头简单地说："如果你们能够亲身去体验一下，就会了解我坚决反对美国参战的理由了。"

约瑟夫大使好像对英国未来的前途抱着悲观的看法。他虽然赞成美国援助英国，但却反对自己的国家卷入这场战争。

偶尔回家一次的约瑟夫大使，对杰克来说，仍与以前一样是最好的讨论、商量对象。杰克从哈佛大学毕业之后，原本打算进入著名的北爱尔兰大学研究所继续深造，但如今又考虑到很多其他的事，所以有点犹豫不决。

杰克原来就对历史很感兴趣，曾经计划成为一位大学的历史教授。

可是，当他的著作成为畅销书之后，他又改变了主意。现在他想当一名新闻记者，靠着一支笔为民众说话。

就这样，他考虑的事很多，喜欢做的事也很多。要他下定决心做一个选择时，又难免有点拿不定主意。

再如对政治方面，杰克也很感兴趣，可是大哥乔已经向这一方面发展了，杰克就不想再进入，以免将来兄弟还要互争地盘。

有一天晚上，杰克去找父亲商量自己的未来。

"你不是打算秋天就到北爱尔兰大学研究所深造吗？"

"是啊，可是现在我又改变主意了。"

"为什么？"

"我自己也不知道，我只觉得好像想做点别的事，可是到底要做什么，我也不知道。我知道我说的话很令人困惑不解。"

"不，这种情形我很了解，每个人都会经过这一段时期的。像你这样的年龄，世界上的一切都充满了可能性。事实上，一个人只要想做什么，一定可以做得到的。我不希望你成为一位意识狭窄的专家，你为何不从自己最不擅长的事情着手，下苦功夫来学习呢？例如，去做生意。"

"行吗？不过，对于这方面我也觉得很不错。因为我认为无论做任何事情，都需要经济、商业方面的知识，所以……"

这一年秋天，杰克在没有明确目标的情况下，进入西部一所大学——斯坦福大学的商学院读书。很遗憾的是，杰克在真正进入之后，才发现自己始终无法对商学产生兴趣。

好不容易熬过六个月，学期结束了，也就是 1941 年 2 月，杰克打算出门旅行。 这次他所去的地方，是以前从未去过的南美洲。

　　他到了阿根廷、巴西、智利等国家，对于每一个国家的特色都充满好奇；然而在这次轻松的旅行中，杰克并不觉得满足。

　　当时欧洲的战火已经蔓延到巴尔干半岛及苏联，因此，美国参战已是迟早的问题。

　　杰克的父亲约瑟夫已在去年即 1940 年的年底，辞掉驻英大使的职务。 因为他对英国的未来没有信心，因而反对美国参战。 他经常发表言论，结果这些随口说出的话，却常被刊登在报纸上，在国际上带来了很多不良的影响。

　　可是，杰克的想法及意见与父亲、哥哥们不同。 他认为美国与希特勒正面冲突的日子终有一天会到来，这已是无法避免的事情，既然如此，就应该早做准备才对。

　　从南美洲旅行回来的杰克，已没有心情再回到学校去了，他认为自己直接为国家做一些事情的时机已经来临。

　　对于美国的参战一直持反对态度的乔，此时停止了哈佛大学研究所的功课，而去应征海军航空兵，打算在 7 月份就从军。

　　杰克也很希望能参加航空兵，但是在大学时代因为踢足球，背部曾经受伤，他自知即使前去报名也不会被录取，所以他转向陆军，但也因为同样的理由——背伤，而未能通过体格检查。

　　一般人遇到这种情形，一定会放弃参军的念头，但杰克不同。 虽然他并不是对从军特别热爱，却希望能够为国效力。 为此，他去求助于医生。

　　"医生，我背部的旧伤有没有办法痊愈？"

　　"我看没有这个必要！只要你不去做太剧烈的工作，自然会慢慢地痊愈。"

　　"我不知道如今要做的事是不是很剧烈，我很希望能够从军。"

　　"什么，你要从军？"医生颇为吃惊地说着，然后又皱皱眉头说："依我看，你还是打消这个念头吧。 打仗不是游戏！"

"这一点我很清楚，所以我才来拜访您。 有什么补救的办法请您告诉我，反正只要通过身体检查，我就满足了！"

这位医生颇为他这种从军报国的热情所感动，因此就对他说："好！既然你有这种雄心，就让我来为你想办法，不过你必

1941年8月3日，肯尼迪和母亲罗丝在一起

须忍耐，因为这是需要耐心的。 你必须接受矫正训练，依我估计，差不多要五个月的时间。"

的确，这种训练需要坚忍的耐力。 在这五个月期间，杰克每天都在海恩尼别墅的庭院中，用手抓着树枝，使身体悬空，同时，还要练举重，此外每天要跑上三四公里的路。

杰克的努力终于没有白费，最后他通过了身体检查。 就在这一年的9月，他拿到了海军的征召令。

杰克终于如愿以偿地进入了海军。 他被分到华盛顿的情报部，他的工作是为海军军官们撰写新闻。

海军方面可能是考虑到杰克23岁就可以写出一本畅销书，而让他来担任这种工作是最适合不过了。 事实上，杰克本人对这份工作却深感不满。

他五个月的苦练，难道仅是为了来撰写新闻？即使不能驾驶飞机，至少也可以到军舰上去接受实际战斗的训练，否则进入海军就毫无意义了。

"我这个工作到底要做到什么时候？"有一天，杰克再也忍耐不住，跑去问他的长官。

"你不要小看它，这是一份很重要的工作。并不是任何人都可以胜任的，你应该引以为荣才对。"

"是吗？如果是在平时，我会喜欢这个工作，但是在眼前这种国际局势中，我实在没有心情做这种事。"

"事实上我们还没有参战啊，如果将来正式参战的话，就可以有机会达成你的愿望，现在别焦急，慢慢等等。"

杰克虽然很不愿意，但也没有办法，只好认真撰写他的新闻稿。

此时，杰克的大哥乔已经在佛罗里达州接受驾驶飞机的训练。

在这个时刻，不只是肯尼迪家的兄弟，同时还有很多美国青年都放下了他们在学校的功课或工作，加入军队。这种情形不只局限于美国，在欧洲、亚洲已有不少青年上战场为国牺牲了。

在亚洲方面，日本的全面侵华战争已持续了四年之久，当时美国的舆论普遍是支持中国的。

二战的洗礼

　　评断一个国家的品格，不仅要看它培养了什么样的人民，还要看它的人民选择对什么样的人致敬，对什么样的人追怀。

——肯尼迪

PT 鱼雷艇

1941 年 12 月 7 日，停泊在夏威夷珍珠港的美国军舰、飞机受到了日本海军、空军的偷袭。 这次偷袭从战略上来说是相当成功的，但是在袭击前，日本并未对美国发出照会，这种不宣而战的偷袭行为引起了美国人民的极大震怒，也提高了美国人民的参战意识。 全国上下都在高喊着："不忘珍珠港！"

在华盛顿情报部撰写新闻的杰克听到美日宣战的消息，就再也忍不住，自愿参加海上勤务。

不久，他的派遣令下来了，但是很遗憾的是他的希望仍然落空了。 这次给他的新任务是保护南部的军事工厂，以免受到敌军的轰炸。

这个工作实际上是个闲差，这使得杰克十分失望。

忍耐了几个月之后，杰克再一次向海军部申请到海上去作战。

终于在 1942 年的夏天，杰克期待已久的消息传来了，他拿到了新的派遣令。

他的长官把他叫去说："肯尼迪，你这次被派到海军士官训练学校去受训，你长久以来的心愿终于快要实现了。 相信你一定很高兴。"

杰克何止高兴，他兴奋得几乎要喊"万岁"了。 但是，军

队里的一切规定都很严格，他
只好紧紧地握着长官的手，以
表示自己的感谢及喜悦。

杰克进入训练学校后不
久，学校就募集自愿担任 PT
艇艇长的人选。

杰克一听到 PT 艇，就想
到一年前的一个夏天，他在驾
驶游艇时，曾在海上见到过
PT 艇的英姿。他多么希望能
指挥这种鱼雷艇与日军作战，
因此他不顾一切地去报名
应征。

罗斯福总统签署对日宣战书

担任 PT 艇艇长的资格必须是在学校里成绩优良，过去曾经
是运动选手，且有操纵游艇经验的人。

肯尼迪少尉恰好符合这三个条件，因此他轻松地通过了考
试。然后，他就转往纽约附近的罗得岛，岛上有一个梅密尔海
军基地，肯尼迪就在这里接受了鱼雷艇的战技训练。

他们在这里接受大炮发射、鱼雷发射、航海技术及有关工程
学知识的学习。通常训练是一大早就开始，除了以上项目外，
还有体操、跑步等体能训练，偶尔也会在繁重的练习中，踢一会
儿足球作为调剂。

来自伊利诺伊州的乔治·罗斯少尉注意到在这些接受训练
的人中，有一个好像高中生的人，因为他发现这个人经常穿一件
黑上衣，衣服上印有一个红色的"H"字母，打起球来相当卖力
和勇猛。

这个人就是肯尼迪中尉。他的头发蓬乱，看起来像个十七
八岁的小青年。事实上，肯尼迪此时已经是 25 岁的青年，而且
已经晋升为中尉了。上衣上的"H"字母就代表他毕业的母
校——哈佛大学。

这位罗斯少尉由于看球的关系而认识了杰克，从此两个人就成为很要好的朋友。

8 个星期的训练很快就结束了。

肯尼迪中尉的成绩相当优秀，因此他被留下来担任教官。杰克原来以为训练完毕，可以马上到战场上实际作战，可谁知这次还是被留了下来。他虽然非常失望，但只好遵守命令，担任教官，而且把分内工作做得很好。

后来肯尼迪当选为美国总统后，时任海军副司令的波尔·费伊就是在这个时候认识杰克的。关于他们的初识，还有一段小故事呢！

当时肯尼迪中尉担任艇长，用来训练兵士们的 PT 艇叫做 PT—01 艇，这是一种旧式的鱼雷艇。

有一天，肯尼迪中尉率领学生们去进行航海训练。这些学生中也包括士官在内。在上艇之前，肯尼迪中尉都要照例清点人数，结果这次却发现少了一个人。

"奇怪，到底是谁没有来？"

肯尼迪中尉拿出点名册清查人数，终于发现来自旧金山的波尔·费伊少尉不在。

杰克问大家："有没有人知道这位费伊少尉在哪里？"

有人回答说早餐时还在餐厅看到他，也有人说大约一个小时之前还看到他，但就是没有人知道他现在在哪里。

杰克看了下手表，然后在点名册上费伊少尉的名字旁注明"不参加"，就下令出航了。

几个小时之后，PT—01 艇载着这些结束训练的士兵们归来。刚一跳下艇，肯尼迪中尉就一眼看到刚才缺席的费伊少尉正与朋友谈笑风生。杰克大怒，立刻质问他："费伊少尉，你为什么不参加训练？到底有什么重要的事？"

"报告中尉，我参加了，我也是刚刚才回来的。"

"什么？你参加了？我不明白你的意思。"

"我的确参加了训练，只是我搭乘别的艇去了。"

"荒唐！为什么你不告诉我，就自作主张做这种事？"

"对不起！我曾经利用旗语向你报告。 遗憾的是，好像没有传到，我也觉得很奇怪，不知道是什么原因？"

"这个理由一点都说不过去！少尉，你竟然一点都不在乎，你到底是为什么要搭乘其他的艇？"

"因为我觉得别的艇比较新而且也比较有趣，我的朋友都怂恿我去参加他们的训练。"

"这个理由更不像话，如果每个人都像你这样，随便爱搭哪艘艇，就搭哪艘艇，这种训练会成什么样子？ 由于你的任意行为，我们艇晚了 10 分钟才出发。 如果这种事情发生在战场上，这 10 分钟很可能就会置我们于死地！"

由于肯尼迪中尉说得很有道理，使费伊少尉一句话都答不上来，只有立正接受训斥。

"你这种行为，实在无法宽恕。 我要向上级报告，请求从PT 艇的队伍中去除你的名字。 少尉，你有没有异议？"

"中尉，你的处罚实在太苛刻了！"

"什么，太苛刻？我已觉得很宽大了。"

"中尉，拜托你，从今以后，我再也不会这么荒唐了。 请你原谅我，请不要解除我参加 PT 艇的资格。"

费伊少尉很诚恳地向肯尼迪中尉请求，但肯尼迪中尉并没有原谅他，最后费伊少尉只有无精打采地离开了训练基地。 事实上，肯尼迪中尉并不是真的要解除他的工作，不但如此，在 20 年之后，还任命他担任了海军副总司令。

在这个训练中心，与肯尼迪同一军营，而且床位相邻的战友是托比·麦克唐纳中尉，他就是杰克在哈佛大学所结交的朋友。

睡在他对面床上的是艾尔兹少尉，他来自气候温暖的路易斯安那州，因而时常埋怨梅密尔的天气太冷。

"你说梅密尔冷？看样子，你们路易斯安那州人的皮肤一定与众不同，大概特别娇嫩。 我的家乡缅因州才真冷呢，你知道缅因州到了冬天连海里的鱼都会被冻死的。"

这句话是由被大家以为已经睡着的托比说出来的，他同时还说了一些家乡有趣的事。

几天之后，终于让杰克也尝到了冷的滋味。事情是这样的：有一艘 PT 艇在北卡罗莱那触礁，肯尼迪中尉接到命令，即刻指挥 PT—01 艇赶到现场去救援。到达现场之后，PT—01 艇抛向对方的援救绳索，却正巧缠在螺旋桨的推进器上。

一看到这种情形，大家都慌了手脚，不知该怎么办才好，肯尼迪艇长立刻只身跃入冰冷的海水中，海水冷得刺骨，肯尼迪咬着牙，飞快地解开了缠在推进器上的绳索，从而解除了眼前的困境，安全地把艇给救了上来。可是由于这件事，肯尼迪却发了高烧，他必须住院治疗。

住院期间，肯尼迪中尉还特地从医院打长途电话给麦克唐纳中尉说："喂！你上次一直夸口说缅因州的海水有多冷，依我看，北卡罗莱那的海水并不亚于你的家乡呀！"

在这个寒冷的冬季快结束时，杰克从旧金山搭乘运输船转往他地。这是 1943 年 3 月间的事，从这个时候开始，肯尼迪中尉正式投身于真正的战斗行列中。

杰克要转往的目的地是所罗门群岛。在前往这个群岛的海路各地，都是依赖这种运输船来运输的。因此在这艘运输船上，除了杰克之外，还有许多刚从学校毕业出来的年轻士官。

杰克在这艘船上待了将近一个月的时间，在此期间，他又认识了一位新朋友。这是刚从阿姆哈士特大学毕业的杰姆斯·李特少尉。

在航行途中，因为几乎没有什么事可做，这两个初识的朋友就常在一起谈天说地。杰克把自己在第二次世界大战前在欧洲亲眼所见、亲耳所闻的事告诉了他。

当李特少尉知道眼前这位蓬头乱发、身材瘦高的年轻人就是那本畅销书《英国为何沉睡》的作者时，不由得大吃一惊，从头到脚仔细打量这位带点孩子气的中尉，觉得人真是不可貌相。

因两个人的目的地不同，在 3 月底，运输船停泊在途中的某一小港时，他们就只好分手了。 李特少尉要继续搭乘原船前进，而杰克却要换乘登陆用的船到别的地方去。

这两个认识不久的好朋友紧紧握着对方的手，互道珍重。李特少尉郑重地对肯尼迪中尉说，在不久的将来，他也要自愿加入 PT 艇的行列。

后来杰克结婚的时候，李特担任他的男傧相；杰克成为美国总统后，李特又被任命为政府的重要官员。

挺进南太平洋

与李特少尉分手之后，杰克搭上登陆船，几天之后才到达他的目的地兹拉利。 这时已经是 1943 年 4 月 7 日了。

兹拉利在美国还是英国殖民地时期，是所罗门群岛的首府所在地。

肯尼迪中尉的新任务很快就下来了——派他担任 PT—109 鱼雷艇的艇长。 这种型号的鱼雷艇曾参加过几次激烈的海战。

肯尼迪中尉所指挥的这艘 PT—109 艇预定在夏天开始出击，然而这艘鱼雷艇的性能并不是很优良，在开始出击之前，必须先要做好修理、保养等工作，事先的准备非常重要。

当 PT—109 艇停泊在船坞修理时，肯尼迪亲自穿着短裤，与部下们一同清理甲板。 有一次，肯尼迪太专心于拖洗甲板，没有注意到下面有一位士兵正在修船腹，结果把一整桶污水倒了下去，等到发现为时已晚，那个倒霉的士兵抬起满是污水的头向上面大吼："喂！喂！是哪个混蛋乱倒脏水？"

杰克自知理亏，虽然那士兵口出恶言，也只有认了，赶忙向他道歉。 后来这位士兵才知道自己所臭骂的那个穿短裤的人居然是艇长。

1943年肯尼迪（右一）和其他成员在PT—109巡逻艇上的合影

　　由此可见，肯尼迪艇长很平易近人，凡事是非分明，从不盛气凌人，因此他的部下们都很拥戴他。他们都认为自己的艇长比其他的长官要好，比较有人性，他尊重每一个部下。

　　肯尼迪艇长与部下们乘上PT—109艇之后，过了好几个月，一直都没有遇上战斗，然而这种生活也并不愉快。

　　因为现在毕竟是在战争期间，不可能有什么愉快的事情发生。饮食方面多半是吃罐头，加之此地是有名的热带地区，天气热得要命。而且，经常听到令人生气的飞机轰鸣声，这些飞机都是进行周期性轰炸的日本飞机。在这种沉闷的气氛下，身为艇长的肯尼迪，不得不经常动动脑筋，找些不同的食物来换换口味，或者是与部下们交换对即将发生的战斗的意见。

　　"艇长，我们最担心的事，就是万一被日军抓到的话，该怎么办。艇长您认为在这种情况下，应如何处理？"多洛第深深地叹口气，以低沉的声音问肯尼迪。

　　"是啊，艇长！我们大家都很担心这件事。听说日本军人残暴凶狠，对待俘虏更是残忍，根本不把他们当人看。"

　　"上帝保佑，我可不愿意被日军活活折磨死！"

大家七嘴八舌地谈论着。

"我认为最好是不投降，万一昏迷不醒而被日军俘虏的话，那是没办法的事。除了这种情况外，我们必须拼到最后一刻，死也死得要有意义。"

既然从军报国，如今身处战场，早已置生死于度外。不过，现在谈论这种事情，心里总不是滋味。不一会儿，大家就转移话题，讨论如何寻找食物。这是比较令人兴奋的话题，由于大家的齐心协力，最近的伙食确实改进了不少。

海岛的四周自然不会缺少鱼虾类，问题是有毒的鱼也不少，而且西方人与东方人的口味不同，他们不喜欢吃鱼。也许因为这个缘故，他们对鱼类的认识不多，如何区分有毒无毒的鱼，还真是个麻烦的问题！

不过，肯尼迪艇长另有一套获得食物的办法。每次只要在水平线上发现运输船后，肯尼迪就开着PT—109艇全速前进，猛追运输船，等追上之后，就索取一些面包、鸡蛋等食品。

如果能要到面包粉之类的东西，毛亚就会按照以前母亲所教他的烹调法，做出一些可口的食物来。他所煮的东西，很合肯尼迪艇长的口味。因此，有一次部下们半开玩笑地对艇长说："将来回国后，您不妨请毛亚当厨师，如此就可以天天吃到他烧的东西了。"

不过也有一次，肯尼迪艇长想要毛亚做甜甜圈，可是毛亚做出来的小圈饼却不是很好吃，原来他母亲没教过他这种甜甜圈的做法。

过了一段时间之后，以前在运输船上认识的李特少尉来到了兹拉利。这个人说话真有信用，上次分手时，他曾说要加入PT艇的行列，现在果真参加了这个工作。

另外，以前肯尼迪在梅密尔训练中心时睡在他对面、时常叫冷的艾尔兹少尉也来到这里。

就这样，一些曾经分离的老朋友，如今又相聚在一起。对肯尼迪中尉而言，虽是身处战场，但是在兹拉利的这段生活还是很愉快的。

基于作战策略，5月底，参谋本部下令停泊在兹拉利的军舰即刻开往拉塞尔群岛。PT艇则担任前锋，先行前往。

位于碧绿色海洋与美丽的珊瑚礁包围的拉塞尔群岛，显得宁静而迷人，似乎没有感染到战争的气息。肯尼迪在这岛上的生活一如在兹拉利，过得轻松和愉快。

太平洋战役中，被美军攻击的日本军舰

在停泊拉塞尔群岛的期间，PT—109艇的人员曾有部分调动。事情是这样的，有一次PT—109艇在海上巡逻时，发生了点小事故，多尔弗奇因而受伤，必须入院治疗。从此，他们就少了一个伙伴，但不久后，就补上另一个新水兵。

密码电报

7月上旬，PT—109艇又接到移防的新命令，必须开往列多巴岛，那里是鱼雷艇基地，看来他们真正接受战斗的日子已经很近了。

列多巴岛是所罗门群岛中的一个大岛，距离新乔治岛只有9公里。在新乔治岛上有日本的飞机场——孟拉，这里是日军的基地之一。同时在这海岛四周的几个小岛，如今都已被日军占领。因此，肯尼迪艇长与部下们一接到移防的命令，就直觉地感到这次将真正体会到前线战场上的生活。

　　从拉塞尔群岛只航行了十个小时，就到达了列多巴岛。 抵达的第一天晚上，PT—109 艇就开始执行警戒勤务。

　　在执行警戒勤务时，PT—109 艇所航行的路线大致上是一定的。 通常都是从列多巴岛西北方的列多巴海港出发，先向西航行，到贝拉贝岛就转回程，经过克伦巴卡海岛，然后再经新乔治岛的西方，最后回到列多巴港。

　　这个警戒巡逻路线大致成三角形，在此范围中，包括基诺岛及其周围许多小海岛，以及基诺岛与克伦巴卡岛之间的布拉吉海峡，还有联络布拉吉海峡与外海的弗卡森海峡。

　　在这三角形范围中，还包括了日本的孟拉机场和日军的重要根据地比拉。 日军为了坚守比拉，曾陆续运来很多军队及物资，这些军队和物资都是从劳保河运来的。

　　日军运输所航行的路线通常也是一定的。 日军军舰总是先航行到新乔治海峡而后经过贝拉贝岛与克伦巴卡岛之间的贝拉湾，然后再向南前进，最后通过布拉吉海峡而到达目的地比拉。

　　PT 艇的主要任务就是在晚间潜伏在布拉吉海峡，伺机袭击敌人运输船及护航的驱逐舰。

　　这种攻击除了需要勇敢外，还需要精良的武器装备。 老实说，PT 艇实在不太适合担任这项任务。 因为在黑暗的海面上，虽然只要一发现敌踪，就可以发射鱼雷，但是在那伸手不见五指的海面上，实在很难辨清前方的物体。 再说，在这种情况下，到底能对敌人造成多大的杀伤力，实在是个问题。 纵然花了不少心血，但是想要有辉煌的战果，也不是一件简单的事。

　　几乎每天晚上都要出去担任这种警戒巡逻，一天又一天，大伙逐渐都撑不住了，每个人的脸上都看得出疲惫的神色，因为每天夜里都必须全神贯注地工作，一直到天亮才回来休息。 当地的天气又闷又热，白天实在睡不好，到了下午又要开始清理枪炮等例行准备工作，以便晚上执行任务。

　　到了下午 4 点，所有 PT 艇的艇长都要到基地司令官奥弗特少校那里去集合，研究这一天的作战计划以及各种状况。

7 月 19 日的晚上，PT—109 艇按照这一天所分配到的任务，在基诺与克伦巴卡之间来回巡逻。

突然，站在甲板升降阶梯上的多洛第看见在不到三十米的低空有一架飞机。对 PT 艇而言，飞机是最可怕的东西，因为有时候自己的飞机也会误炸自己的舰艇。终于，多洛第看清楚在飞机上的那个太阳标识。

多洛第大吃一惊，连忙对刚走过去的汤姆少尉大叫，但是他才喊完，就已传来猛烈的轰炸声，转眼之间，在 PT—109 艇的左舷海面升起了两条水柱。

紧接着，PT—109 艇发生剧烈的震动，向右舷倾斜。第一个发现飞机的多洛第已从升降口的地方被弹了出来，头部重重地摔在甲板上。接着，第二次的轰炸又来了，炸弹的碎片四处乱飞。这个时候，肯尼迪正紧紧地抓着方向盘，他飞快地转向右方，希望能避开敌机的飞行方向。

正在炮塔上的卡瓦尔忽然觉得头痛，他慌忙之中，脱下钢盔，这才发现原来是头发全竖了起来，因而引起了头痛。

虽然他的头部并未受伤，但是碎片打到了他的脚上，伤势不轻。

还好，这天晚上 PT—109 艇的运气还算不错，并没有被炸沉。回到基地后，受伤的卡瓦尔、多洛第等立刻被送到兹拉利的医院去治疗。

于是又有新的人员来报到了，上级这次分配了四名士兵给 PT—109 艇。

在那次轰炸后，PT—109 艇补修了损伤部分，然后又开始巡逻。因为每天晚上都要聚精会神，大伙都觉得很吃力，好不容易才得到命令，可以在 8 月 1 日和 2 日到切多巴岛去休息两天。

没想到 8 月 1 日却是他们最不幸的一天，本来大家打算好好休息一下，结果希望却泡了汤。

就在这天中午刚过不久，奥弗特司令官突然来了一份密码电报，下达重要的作战命令：

1942年被击落的两架日本战斗机坠毁后腾起的烟雾

　　"大约在今晚，将有大规模的日军移往克伦巴卡，所有的PT艇将倾巢而出，参加这次海战。"

　　这份电报中还特别指出日军可能会派出飞机，专门轰炸PT艇。

　　这份电报推测得非常正确，就在他们刚看完电报时，就已听到有通讯兵大叫："空袭警报！"

　　随着警报的鸣叫声，远方传来枪炮的声音。作战本部的人，都慌慌张张地跑进了避难所。

　　此时，PT—109艇与其他的PT艇一起从海港驶出。马克曼原来正在甲板上睡觉，听到警报声，立刻翻身而起。他一眼望见列多巴岛的山腰处，正有几架飞机飞来，他还以为是己方的飞机，高兴得大叫，可是很快他就看清在机翼上的太阳标识，慌忙之中，居然举起了手里的短枪。

　　哈里斯赶快跑到高射机关枪前；马涅也进入炮塔，开始准备应战。 附近其他的 PT 艇都不约而同地发射机关枪，希望借此赶走日军飞机。

然而，日军飞机一批接着一批，像潮水般拥来。 有些日军飞机甚至抱着必死的决心，对准 PT 艇俯冲而下，想和他们同归于尽。

肯尼迪艇长见此情形，立即下令出航，因为他发现此时还是离开鱼雷艇集中的海港比较安全。

其他的艇长也都有相同的看法，所以都各自指挥自己的鱼雷艇向各个方向散开。

当空袭警报解除后，PT—109 艇回港时，发现这个鱼雷艇的基地已被炸得面目全非，几乎被夷为平地。

肯尼迪艇长立即赶到作战本部，发现已有不少的艇长聚集在那里。 以奥弗特司令为中心，大家分别报告鱼雷艇损伤情形及艇内人员死伤人数。 过了一会儿，奥弗特司令才将中午所接到的战情向大家报告。

他担心地问：“现在仍能使用的 PT 艇到底还有几艘？”

经过统计之后，发现只有十五艘还可使用，其中有四艘是有雷达装置的。 奥弗特司令就以这四艘鱼雷艇为中心，将其他的鱼雷艇分组成四个分队。

这四个分队分别以分队长的姓名字母为名：C、R、A、B。肯尼迪艇长所指挥的PT—109艇就属于B分队。

“即刻准备出击。”

听完司令所下的这道命令，艇长立刻各自回到自己的艇上，准备出航。

就在这时，肯尼迪艇长遇到一位意想不到的朋友，那是在梅密尔训练中心所认识的罗斯少尉。 他是普林斯顿大学的毕业生，在学校曾被同学们推举为最有人缘的人，并荣获三个头衔：最友善的人、最风趣的人以及穿着最随便的人。 从这三点来看，就可知他的个性和为人了。

“杰克，今晚让我上你的鱼雷艇如何？”

分手好久，看到老朋友，一见面却连一句寒暄话都没有，就直接做此要求。由于他的鱼雷艇已被日军击沉，如今他是无"艇"可归了。

"你会不会使用 37 厘米炮？"

"这还有什么问题？只要一学就会的。"

"说的也是，好吧，你就跟我来吧。"

就这样，肯尼迪艇长带着罗斯少尉这个额外的成员回到艇上，向大家宣布说："大家注意，今天我们也要出动，时间是 16 点 30 分。"

本来预定今天可以好好休息一下的 PT—109 艇的水兵们，不但在中午饱受空袭之苦，如今又接到准备出击的命令，都异口同声地抱怨运气太差。然而这是部队命令，除了服从，别无他法。他们只好在各自的岗位上，默默地准备着。

罗斯少尉在艇长肯尼迪的引导下，先认识一下艇内的情形，然后就接受 37 米厘炮使用方法的教习。

遭遇"天雾"号

8 月 1 日的中午，日本海军派出四艘驱逐舰"天雾"、"萩风"、"岚"、"时雨"号，正经由布恩比岛的北方海面，向克伦巴卡岛前进。

他们预定在半夜时分，将 900 名士兵及 70 吨的补给物资运抵比拉基地。

900 名士兵及 70 吨物资分别装载在"萩风"、"岚"、"时雨"号这三艘舰上，而由"天雾"号担任护航。当时指挥"天雾"号的舰长是花见弘平，他是日本江田岛的海军军校出身，只有 34 岁。

美国海军护航航空母舰

这四艘驱逐舰已通过布恩比海峡，向贝拉贝岛的方向前进，看来大约在日落后，就可通过布拉吉海峡了。

而在列多巴岛做好出击准备的美军 15 艘鱼雷艇，已陆续地发动引擎，离开海港。

PT—109 艇所属的 B 分队，是担任最远地区——克伦巴卡沿岸的巡逻工作，因此需要比其他分队更早出发。

正当 PT—109 艇以全速前进时，站在海图室的毛亚突然想到忘记了一件重要的事，可是已经来不及了。原来中午遭到空袭后，大家在慌乱之中，他忘了每天例行要送到本部的人员名单。

这天晚上，在 PT—109 艇中的人，虽然都知道有哪些人，但是却没有留下正式的记录。

而在此时出动的美军鱼雷艇，与日军派往比拉基地的驱逐舰，必定会在海上相遇。

晚上九点半，这 15 艘鱼雷艇就已全部到达自己被分配的地区，彼此都降低了引擎输出，开始在这一带巡逻、警戒。

很快到了凌晨零点，B 分队长所指挥的配有雷达装置的 PT—59 艇的雷达上，突然出现四个白点。分队长立刻判断可能是敌人的运输小船，他特地跑上甲板来仔细观察，无奈这是个没有月亮的晚上，海面上好像墨一般的漆黑，伸手不见五指，他什么也没看到。

然而，雷达上的白点却逐渐逼近，分队长以为只是小船而已，所以下令用机关枪进行扫射。

等到发现这四个白点竟然是四艘驱逐舰时，分队长立即下令发射鱼雷，第一枚鱼雷射了出去，紧接着，又发射了第二枚，可惜这两枚鱼雷都没有命中目标。

就在附近的 PT—57 艇，一见友船发现敌踪，立刻赶来助阵，但是所发射的鱼雷也都没有打中敌舰，反而因为发射管烧得火红，而使敌人看清目标，开始发动反击。

这下，PT—59 艇、PT—57 艇在日军驱逐舰猛烈的攻击之下，只能赶紧逃命。

此时肯尼迪艇长所指挥的 PT—109 艇，没有收到任何通知，他还不知道敌人的驱逐舰已近在身边了。

这种彼此缺乏联络的情形，在其他分队也是一样。因此，这天 PT 艇的作战计划是一败涂地，一点战果都没有。

这四艘日军驱逐舰却悠哉游哉地突破 B 分队所在巡逻区，然后又以同样的情形突破其他三个分队的巡逻区。

后来经过统计，这 4 个分队一共发射了 30 枚鱼雷，可是一枚都没有命中目标，这在美国海战史上留下了不光彩的记录。

敌方的"雾"、"萩风"、"岚"、"时雨"四艘驱逐舰却安全地抵达目的地比拉，把军队及物资顺利地送达。

大约一个小时之后，这 4 艘完成任务的驱逐舰，又循着来时的路线，预备回到劳保河。日军方面已考虑到会再次遭遇到 PT 鱼雷艇，但是如果改变路线，说不定会碰到美国的巡洋舰或驱逐舰，相比之下，他们认为还是从原路回去比较安全。

舰上的士兵与物资登陆时，"天雾"号仍然担任防守警卫工作，它比其他 3 艘驱逐舰要晚点出发。这 4 艘军舰经由克伦巴卡海岸向北航行，终于又来到布拉吉海峡。

这时，正站在甲板上注视着前方的花见弘平舰长突然接到部下"前方出现船只"的报告。

在黑暗之中，花见弘平舰长模模糊糊地看到前方所出现的好像就是敌人的 PT 鱼雷艇。

花见弘平舰长原准备立即下令发射炮弹，但马上就发现对方的距离太近，炮手们根本没有时间来瞄准。

花见弘平舰长随机应变，立即下令开足马力，全速前进。他的意图相当明显，他想来个"大吃小"，以"天雾"号的庞大躯体，正面撞毁PT艇。

可怜的PT艇吃亏在吨位太小，眼见对方以泰山压顶之势直冲而来，马上就要被撞沉海底。

遭到这种噩运的PT艇正是肯尼迪所指挥的PT—109艇。

由于大约在两小时之前，PT鱼雷艇的巡逻防线被日军的驱逐舰突破，因此，此时的PT—109艇脱离了"B分队"，而与另两艘同样也由他们所属分队中脱离出来的PT艇在一起做巡逻工作，向着利萨岛前进。

在PT—109艇上，那位罗斯少尉正站在37厘米炮旁，等待随时会出现的动静。在他的身后，则是手握着方向盘的肯尼迪艇长；在艇长的右边是马克亚，而毛亚则站在他的身后。

其他的人员也都各就其位，只有哈里斯和卡森刚好没有轮班，所以就在艇内睡觉。

这时，站在炮台上的马涅突然大叫："啊呀，不好！右边有舰艇。"

肯尼迪立即转头向右望去，只见在黑暗中，一艘舰的影子直冲眼前，愈来愈大。原先他还以为是美军的PT艇，但是，他立即就发现不对，那是一艘日军的驱逐舰。

"全体船员就位准备。"

肯尼迪一面高声地下令，一面想去按鱼雷发射钮，但立即就想到在这么近的距离，鱼雷是一点用都没有。

罗斯少尉在甲板上，拼命地将炮弹装入37厘米炮中，无奈事出突然，时间紧迫，看样子已经来不及发射了。

望着几乎像是从头上直压下来的驱逐舰，马克亚情不自禁地握着挂在脖子上的十字架，口中喃喃自语地念着："圣母玛利亚，请保佑我们吧！"

"轰隆！"

随着一声巨大的撞
击声，"天雾"号那钢铁
所制成的船头，已经切
入 PT—109 艇右舷的艇
长座。

肯尼迪手中握着的
方向盘被撞得四分五
裂，整个人被弹起，重重
地撞向身后的墙壁。他
那原来就有旧伤的背

日军"天雾号"驱逐舰

部，又狠狠地撞在鱼雷艇的铁栏杆上，紧接着就整个扑倒在地，
眼睁睁地望着日军驱逐舰把自己心爱的 PT—109 艇撞成两半，
然后悠哉游哉地从中穿过。

惊恐之余，肯尼迪艇长完全忘了自己的背痛，他飞快地爬了
起来，四周一望，只见自己的鱼雷艇的前半部还没有下沉，但附
近海面上已漂浮着不少的汽油，正逐渐起火燃烧，看来汽油箱随
时都会爆炸。

紧接着，他又四下搜索自己的部下，结果只看到两位，其中
一个就是马克亚。还好在那紧急的一刹那，大家都已把救生用
具挂在身上。

"你们两个别犹豫，快点跳水逃命，那里太危险，往这
边跳。"

肯尼迪几乎是要扯破喉咙似地大叫，他指的方向是"天雾"
号航行的方向，这个方向没有汽油。

他们三个人使出全身力气，好不容易才游到自认为比较安全
的地方，然后才回过头，望望自己的 PT 艇，只见它已全部被一
片火海所包围，只剩下一点前半身还露在海面上，它的后半部则
早已不见踪影，看来是沉入海底了。

这三个死里逃生的人都是以站立的姿势漂浮在水面，还好，
这一天的风浪不大，海水也不太冷。他们都不愿马上离开这

里，而是眼睁睁地看着自己的鱼雷艇逐渐全部被火海所吞并。渐渐火势弱了下去，肯尼迪判断大概不会再爆炸了，因此对另两个人说："我们回到那里去看看吧。"

肯尼迪交代完之后，就立刻率先跳进海里。 毛亚与马克亚抓着还未沉没的一小部分鱼雷艇的残骸，不停地打着讯号灯，过了一会儿，果真听到杰·金查的叫声："快来救人啊，汤姆少尉快被淹死了！"

马克亚喃喃自语地念着："我的玛利亚，请救救我们吧！"说完，立即跳入海中，向声音传来的方向游去。

由于附近这一带都弥漫着汽油燃烧后的烟雾，不但空气很差，能见度也很低，马克亚在这一带来回游了几趟，只觉得自己几乎要昏过去了，好不容易才发现杰·金查与汤姆少尉。 他飞快地向他们游去，这才看到在他们附近，还有一个人正在挣扎，这个人就是昨天才上船的罗斯少尉。 于是这4个人在彼此扶持之下，向闪灭的讯号灯游去。

在这3个人被救起之后，过了没多久，艾伯特及琼斯也以讯号灯为目标，游了过来。

另一方面，肯尼迪艇长正在黑暗的海面上，到处游动着。

肯尼迪向着声音传来的方向拼命游去，在他觉得已经使出了全身力气，但对等待的哈里斯而言，觉得这段时间好长好长。当他看到在黑暗的海面上，浮出来的肯尼迪的头时，高兴得几乎要流下泪来。

"马克曼的伤势如何？"

"他受到了严重的烫伤，已经无法游泳。"哈里斯代替伤重的马克曼回答。

"好吧，那我带他游回去，你自己应该没问题吧。"

"是的，我没问题。 可是，艇长，你要回到哪里去呢？"

肯尼迪用手指着仍残留在海面上鱼雷艇的残骸，告诉他在那儿，毛亚及马克亚正等着他们。 然后，肯尼迪就抓着马克曼的救生袋，先向那儿游去。

在半途中，哈里斯好几次都已觉得没有力气再游了，他躺在海上，任水漂流。 此时，肯尼迪还要游到他的身边，为他鼓劲儿。

"喂，哈里斯！怎么了？振作点，快到了。"

"艇长，我不行了，我已经游不动了！"

"你胡说什么？你是个男子汉，不要这样！"

肯尼迪近乎大骂，哈里斯看着生气的艇长，才又勉强地跟着他游。

当他们三个人游近鱼雷艇的残骸时，大家都拍手欢迎他们。

肯尼迪首先安慰受重伤的马克曼，然后看看其他的部下说："现在还有谁没有回来？"

大家相视清点，汤姆少尉指着躺在甲板上的罗斯说："刚才我们才救起了这位罗斯少尉，看样子他吞了不少汽油，当他看到我时，正好昏了过去。"

"基塔基、马涅、卡森等人没有看到。"毛亚在黑暗中报告说。

"是吗？那么我们大家一起叫这几个人的名字。"

于是，他们几个人就在黑暗寂静的海上，放开嗓门喊着这几个人的名字。 过了没多久，终于听到从遥远的海面，传来回答："我在这里，快来救我啊！"

这声音听来非常沙哑，好像快没力气似的。

"好，你忍耐一下，我马上来。"

说完，肯尼迪不顾众人的劝阻，又一跃而入海水中。 过了没多久，他就带着一个人回来了，这个人是基塔基。

"基塔基这家伙运气还真好，居然坐在床垫上漂流。"

"艇长，不是说笑话，我这次真是吓坏了。 当我一个人在海上漂流时，一直在想这次可能永远见不到家里那四个女儿以及年轻貌美的太太了。"

大家都趴在甲板上，看着这个重新归队的战友，高兴地聊着天，有的人甚至还笑出声来。 不过，这种轻松的场面非常短暂,因为马涅与卡森依旧下落不明。

当时,马涅是在艇长室上面的炮塔中,而没有值班的卡森正在船舱中睡觉,驱逐舰猛烈地撞过来时,他们完全没有察觉到,看来是凶多吉少了。

这些死里逃生的水兵们,在这个晚上,一直不停地叫着这两位战友的名字,可是始终没有听到他们的回音,最后他们只好相信这两位队友是再也不会回来了。

时间一分一秒地过去,这几个人紧紧地抓着还未沉没的鱼雷艇残骸,漂浮在黑暗的海上,焦急地盼望着天亮。

终于在黑漆漆的海面上,看到东方的天空泛出了鱼肚白,期盼的早晨终于快来临了。

"各位,我们先不要高兴,天虽亮了,但发现我们的不一定是我方的飞机或者是PT艇。 我总认为日军不肯这么轻易罢休的,他们一定还会来。 你们看,这个方向大概是克伦巴卡,那边可能是利萨,因此我们的周围可能全都是日军。"

经过肯尼迪这样一分析,大家的脸上又浮现不安的表情,望着遥远的海面,心里愈来愈焦急,好像日军随时会出现似的。

"如果敌人来了,我们怎么办呢?"

以前,大伙儿闲聊时,常常谈到这个问题。 如今在这种情形之下,又有人提出来问肯尼迪艇长,肯尼迪不知该如何回答。

大家都沉默了一阵,才有一个人带着绝望的口气说:"即使我们有心一决生死,也无能为力。 因为我们的武器沉没的沉没,没有沉没的也被海水给浸湿了,根本没办法使用。"

"不管怎么说,我绝不投降!"马克曼接口回答。

虽然他的烫伤不轻,浑身都疼,但此时他却以坚决的态度说出自己的意见。

"话虽这么说,不过最好还是看当时情形再作决定。"毛亚喃喃自语地说。

这场讨论等于毫无结果,大家只有听天由命,到时看敌人多寡而定了。

又过了几个小时，据推测美军的飞机或 PT 艇应该出来巡逻或搜索他们才对，此时大伙儿的心情都是焦急万分。

"事到如今，还不如干脆离开鱼雷艇的残骸，而游到附近小岛上比较稳妥。"肯尼迪在心中这样盘算着。 他抬头看看附近的海岛，心想最好是游到一座没有日军的小岛，只要可以隐蔽这几个人就可以了。 还有，必须是美军很可能来巡逻、援救的小岛。 经过他一番研判，最后他所看中的是在利萨岛东方排列成锚形的几座小岛中的一个，这个岛叫普兰布丁岛。

然而问题又来了，这座小岛距离他们所在的位置大约有五公里，如果是在平时，大伙精神足、身体又健康的话，还可能游得过去。 可如今，即使是没受伤的，也都累得精疲力尽，想游五公里，实在太困难。 然而，想要活命，似乎也只有这条路可走。 所以，大家都勉强振作起来，按照艇长的指示去做。

吞了太多海水及汽油的罗斯少尉，情况已逐渐好转，但马克曼的烫伤却不是短时间内就会好的，一会儿怎么把他运过去是个恼人的大问题；其次是这些人里面，还有些泳技不是很好的人，又该如何处置呢？肯尼迪艇长苦苦地在思考。

"好吧，我们就这样进行吧，马克曼由我负责带过去，你们当然也跟着一起去。 在 37 厘米炮下面，有一块厚木板可以利用，我想你们几个人，就紧抓那块木板游过去。 当然，我也知道在海上抓着这块木板游泳，速度一定很慢，但此刻最重要的不是速度，而是大家都不可分散。 至于木板方面人员位置的安排，就拜托汤姆少尉负责了。"

这 9 个人就按照肯尼迪的吩咐，从炮下拖出那块厚木板，平放在海面上，然后在木板的两侧，各由四个人抓着，汤姆少尉则在木板的后方，负责推动前进。

看到部下全都出发后，肯尼迪才让重伤的马克曼平躺在海面上，然后将马克曼救生袋的绳子咬在自己的嘴里，他整个人则钻在马克曼的下方，以这种方式出发了。 就这样，他们开始了求生的旅程，时间刚好在下午 1 点过后不久。

坚持在珊瑚礁

普兰布丁是一个长约 100 米、宽约 70 米的椭圆形海岛。 岛上除了椰子树之外，还有几棵不知名的大树。

当肯尼迪带着马克曼游近这个小岛的沙滩时，天色已完全黑了。

刚一上岸，肯尼迪就整个人一动不动地趴在海滩上。 他实在太累了，觉得连脚都抬不起来，下巴由于长时间张开咬着绳子，又酸又痛，好像快脱落似的，再加上游泳的关系，不断有海水打入口中，因此喝了不少海水。 肯尼迪一面吐水，一面剧烈地喘气。 这种痛苦的情形，令受伤而手脚红肿的马克曼看在眼里，满怀歉疚，连忙想扶起他。

"艇长，振作点！"

"你不要管我，我没有问题。"

"那边有个小树林，艇长，你能不能走到那边？"

"嗯，我们不能一直停在这里，好，我们到那里去吧。"

这两个人拖着疲惫欲断的腿脚，好不容易才走到了小树林那里。

其他的人比他们来得还慢，肯尼迪真不愧是大学时代的游泳健将，虽然拖负着一个人，还是游得比别人快。 当然，这也许是他具有坚强斗志的缘故。

在途中，他还不时地安慰马克曼说："你不要担心，你的一切由我负责，你只要注意自己的伤口就是了。"

虽然肯尼迪一直在安慰别人，为别人打气，可事实上，他自己背部的伤也不轻。

那 9 个抓着木板的人，在海中苦苦地挣扎着。 因为有的人游得快，但有的人却成为别人的累赘，因此行进速度很慢。 汤姆少尉好几次都不耐烦地想下令要他们离开木板，自由前进，仔细一想又觉不妥，而且艇长也交代不可分散，否则很可能会找不到人，所以只好要大家都忍耐点，共同合作。

好不容易，这9个人才来到这座小岛，一上了海滩，就看见肯尼迪早已在挥手欢迎他们。 大伙儿又都兴奋得好像见了亲人一般。

当这11个人刚在树林中安顿好，就听到海上传来一阵"扑、扑、扑"的汽船声，他们都怀着恐惧的心情，从林间缝隙望去，只见一艘坐了三四名日本兵的汽船正从远处驶来。 这11个人吓得目不转睛地注视这艘船航行的方向，好不容易看到它从小岛边驶过，他们想必是向利萨方向驶去。

惊魂甫定，他们才想到如果这汽船早来五六分钟的话，那可真完了。

"唉，看来我们的死期还未到。"有人感慨地说。

"不要那么大声说话，谁敢担保这小岛没有日本人呢？"肯尼迪向大伙儿使个眼色，小声说。

然后，哈里斯将大家的武器收在一起清理，让风把武器吹干，以便紧急时使用。

天愈来愈黑，大家的话题离不开求救与食物。 从PT—109艇沉没到现在，已有一整天没有吃东西了。

此时，海军基地方面虽然认为PT—109艇的人员已全部殉难，但仍然派了飞机来搜索，只可惜他们当时正好躲进林中，所以没有被发现。

肯尼迪艇长把汤姆少尉和罗斯少尉两位士官叫到一边，商量着今后该怎么办。

"我想到花卡森海峡一带去看看，因为那地方每天晚上都有PT艇去巡逻，这样一定可以联络上。 对了，我们不是带了盏油灯来吗？这盏灯正好可以打讯号。"肯尼迪说到。

对于肯尼迪的意见，罗斯一方面觉得意外，另一方面也深受

感动，他说："你的计划我觉得太勉强了，因为从这里到花卡森海峡，有好几公里远，你一个人游泳过去，我觉得太危险了。"

汤姆少尉对于罗斯的意见，深表赞成。

"不，你们不要阻止我，也不必替我担心，我自认我的做法很慎重，同时，这也是目前最妥当的办法。我会好好地去做，只是这里的事，就只有拜托二位了。"

肯尼迪说完，立刻回到部下藏身处，告诉他们自己的决定。部下们都反对他的冒险行动，但肯尼迪不愿改变自己的决定。

"你们不必担忧，我是有信心才决定这么做的。不过，你们要密切注意海上的动静，知道吗？"

肯尼迪脱下了上衣、长裤，带着救生衣，为了不被珊瑚礁割伤脚，还穿了鞋子。他拿了一把手枪挂在脖子上，再从救生袋中拿出油灯，然后沿着沙滩，经过珊瑚礁来到海边。大家都以悲伤、担忧的目光注视着逐渐远去的肯尼迪艇长的背影。

肯尼迪从一个珊瑚礁走到另一个珊瑚礁，水的深浅因珊瑚礁的形状而异，有些地方很浅，水深只到腰部或肩膀，有些地方则必须游泳过去才行。有时，还会遇到大而奇异的海鱼，肯尼迪不免有点担心，他怕碰上食人鲨，因此拼命地踢动双脚。

在游泳途中，必须把握方向，而海上可以作为指标的就只有珊瑚礁。还好，这附近几座小岛都是以珊瑚礁相连，只要沿着珊瑚礁过去，一定会到达花卡森海峡。

好几次，肯尼迪都因踢到岩石而跌倒，但他都很快又站起来，一会儿行走，一会儿游泳。他这样大约前进了 5 公里，终于来到了花卡森海峡。肯尼迪游到 PT 艇可能会出现的海峡中央，他以站立的方式漂游在水中，同时集中精神，注意四周的声响。就这样过了好久，他感到很疲倦，似乎有点支持不住了，可是连一艘 PT 艇都没看到。

一直到后来才知道，这天晚上因为别的作战计划，所有的PT 艇都到其他区域去了。

这样又过了好几个小时，他知道今晚是没有希望了，只有转身沿原路回去。 可是，他游了好久，还没有游到珊瑚礁区。 原来这时的肯尼迪已受到潮流的影响，被冲到布拉吉海峡去了。

不久，天快亮了。

在曙光下，海岛的形状已逐渐清晰。 这时，肯尼迪才发现自己整个晚上的努力都白费了，他仍然在花卡森海峡与布拉吉海峡的交会点。 早已筋疲力竭的肯尼迪自知无法再长时间地远游，只好使出最后一点力气，游向最近的一座小岛。 爬上岸之后，才发现这小岛荒得可怜，除了一棵树、一丛草之外，什么都没有，肯尼迪无暇去想太多，立刻躺在地上昏睡过去。

另一方面，留在普兰布丁岛上的人，到了 8 月 3 日的早上，还没有看到肯尼迪艇长回来，虽然没有人敢说出来，但每个人都有一种不祥的感觉。 同时，他们口又渴，肚子又饿，感受实在非常痛苦。

大概快接近中午时，无精打采地注视着海面的马克亚，终于看到有人向这儿游过来：

"啊，是肯尼迪艇长！"他不由自主地欢呼出声来。

"喂，大家不要乱动。"

汤姆少尉制止了大家的行动，然后与罗斯一块儿跑出去。

由于一整夜的劳累，肯尼迪显得很憔悴，好像换了一个人似的，胡须长得很长，眼眶深深凹下去。 他任由这两位士官扶着，勉强来到小树林，然后就往地上一倒，又睡着了。

过了好一段时间，肯尼迪才睡醒过来。 他把罗斯叫过来说："罗斯，今晚你代替我再去一趟好不好？"

罗斯为了怕重蹈肯尼迪的覆辙，在天还没有黑，就动身出发了。 不过，像这种行动实在是令人担心，如果不是肯尼迪的话，罗斯是没有勇气去尝试的。

这天晚上，PT 艇还是没有在花卡森海峡出现，罗斯又失望又疲倦，就随便在附近的小岛休息了一夜。

由于晚上睡了一觉，8 月 4 日一早，罗斯就比较精神地回到了普兰布丁岛。 肯尼迪也因为睡了一晚的觉，精神好多了。 但

1944 年的美军"阿肯色"号巡洋舰

是，由于连续两天都没见到 PT 艇，大家的心里总是七上八下的。

　　肯尼迪此时不但要动脑筋想办法，还得不时地为大家打气。他好像完全忘了自己还在疼痛的身体，偶尔还说些笑话，外表上装得好像一点都不在乎，事实上，他内心里比任何人都担忧。

　　罗斯回来后不久，肯尼迪就建议大家转移到欧拉撒纳岛去。这个海岛位于普兰布丁岛西南方 3 公里，因为比较靠近花卡森海峡，同时岛上可以充饥的果实和椰子也比较多。

　　大家都已经等得不耐烦，听到艇长这样的意见，自然表示赞成。这次还像上次一样，由肯尼迪带着马克曼，其他 9 个人则抓着那块厚木板，全体游向欧拉撒纳岛去。

　　几个小时之后，这 11 个人都安全地来到欧拉撒纳岛的岸边森林中。一点都不错，这儿有不少的水果及椰子。可是，饱食一顿之后，却有几个人腹泻了。

　　到了晚上，大伙儿挤成一团睡觉，每个人都疲惫不堪。衣服又都湿透了，挤在一起才感觉稍微温暖一些。

　　好不容易又熬过了一个晚上。天亮了，这一天已是 8 月 6号。从与"天雾"舰相撞至今，已经过去了 4 天，而一点获救的希望都没有。

　　他们其中有一个人不由得叹着气说："也许这个地方就是我

们的葬身之地！"

可是，没有人搭腔，大家甚至连反驳他"不要说这种丧气话"的力气都没有。

过了一会儿，那位虔诚的信徒马克亚提议说："让我们大家一同祈祷上天的保佑吧！"

汤姆少尉听了露出很不高兴的表情说："我从来就没有祈祷过，我才不做这种事呢。"

就在大家这样议论时，肯尼迪一直动脑筋在想要如何才可能获救。终于，他想到在花卡森海峡与欧拉撒纳岛之间有一座小岛，叫那峨岛，不妨可以先到那里去看看，虽然没有多大希望，但总比呆坐在这儿，无事可做的好啊！

就这样，肯尼迪请罗斯一同前往。其余的 9 个人，只好带着不安与期盼的心情等待着。

又过了好几个小时，正当他们全都无精打采地呆望着海面时，突然，有一个人看到海上划来了一只独木舟，上面坐着两个土著人。

"如果他们发现了我们，说不定会向日本兵报告呢？"

这种不安、怀疑的念头涌上了每个人的脑海。汤姆少尉却认为一切都听天由命，因此自己还要去试试看。

因此，汤姆少尉一个人跑到海边向那只独木舟打着招呼，没想到那两位土著人见到岸上有人，反而大吃一惊。这两个土著人，一个叫艾罗尼，另一个叫比克，都是美拉尼西亚人。本来这些土著人都是倾向澳大利亚军的，他们经常与白人接触，对于白人一点都不觉奇怪，只是，眼前所见的这位白人，头发蓬乱，胡须未刮，衣服破烂不堪，使他们吓了一跳，马上掉转独木舟方向，准备逃走，急得汤姆少尉大叫："美国人，我是美国人！"

土著人听到汤姆少尉的大喊大叫声，这才把独木舟停下，没有继续向前划行，但脸上仍然充满了怀疑的表情。汤姆少尉指着天空说："白色的星星！"

这是指美国飞机上的标识，两个土著人好像懂了。

87

当这两个土著人登岸之后，大家都兴奋地围过来问东问西，无奈艾罗尼与比克都不会英语，经过一阵比手画脚之后，大家猜测的结果，才知道他们刚才去过那峨岛，而且在那里见到两位日本兵模样的人。事实上，他们所见到的是肯尼迪与罗斯，这下子阴差阳错，反而令众人更加不安，担心罗斯与艇长会被日军给抓去。

就这样，又过了好几个小时，快到黄昏了，有人突然高兴地叫着："啊，肯尼迪艇长！"

"啊！真的是艇长，而且还坐了一只独木舟，可是怎么没看见罗斯呢？"

登上岸的肯尼迪，手中还抱着一包东西。

"喂！你们猜这是什么？这里有糖果，罐子里还有水。"

大家顿时欢呼起来。原来肯尼迪与罗斯在那峨岛上找到似乎是日军使用过的小船，而且也找到一些糖果与清水，这只独木舟则是在海岸的另一边发现的。

"罗斯少尉呢？"

"他还在峨岛，今晚我还要利用这只独木舟与罗斯一起到花卡森海峡去。"肯尼迪满怀信心地说。

他在那峨岛上也曾看到这两位土著人，当时还大吃一惊。如今在这儿的两个土著人，又见到刚才在那峨岛上误以为是日本兵的肯尼迪，但他们并没想到已在那峨岛上见过一次面。

"艇长，这个土著人说刚才在那峨岛见到日本兵，害得我们真为艇长担心！"

汤姆少尉一面说着，一面把艾罗尼和比克介绍给肯尼迪。

"哦，奇怪！我并没发现日本兵啊。"

肯尼迪觉得很奇怪。

这天晚上，肯尼迪与罗斯按照计划，划着独木舟来到花卡森海峡。可惜这天从中午开始，海风就愈来愈大。到了晚上，更是波涛汹涌，因此划出去的小舟，一再被打翻。

虽然如此，他们俩还是紧抓着独木舟，在狂暴的海浪中挣扎了好久，最后被海浪连人带舟给冲到珊瑚礁上，身体撞伤，这才狼狈地放弃了。

后来听说这天晚上，PT 艇曾到花卡森海峡去巡逻。命运有时真会捉弄人！

奇迹般生还

8 月 6 日的晚上过去后，天又亮了。这 11 位幸存者的心情开朗起来，因为现在身边有了独木舟，又有两位土著人可以帮他们的忙。

过了一会儿，肯尼迪带着比克再次来到那峨岛。到达之后，肯尼迪就指着位于花卡森海峡那边的列乡巴岛的山顶给比克看，然后反复地说："列多巴，列多巴。"

接着，肯尼迪从地上捡起一颗椰子，用小刀在上面刻着：

> 有 11 个人生存，土著人知道在何处，请派小船搭救。
>
> 肯尼迪

这是送给 PT 艇基地的司令官的求救信。

另外，在欧拉撒纳岛，汤姆少尉也想到了同样的方法，利用马克亚的小铅笔，随便找张纸片，写了一封求救信。

肯尼迪与比克回到欧拉撒纳岛之后，马上就拜托这两位土著人将这两封求救信送到列多巴的 PT 艇基地去。

于是，这两位土著人就担负起了搭救这 11 名美国水兵的任务。他们先来到一个小岛，这小岛叫瓜拉马纳。在这里，他们遇到了澳大利亚的海岸警备员，这位警备员名叫加明，是阿巴兹上尉的助手，而且是一位会说英语的美拉尼西亚人。比克与艾罗尼先把消息传给加明，然后又连夜划着独木舟来到了列多巴海港。

接到报告的阿巴兹上尉，就在第二天即 8 月 7 日清晨，派出 7 位土著人，载运粮食，划着独木舟赶到了欧拉撒纳岛。

这 11 位幸存者一见到食品，立刻食欲大增，由毛亚把送来的米、马铃薯、肉片等煮出一顿丰盛的大餐，让大家饱食一顿。然后，这 7 位土著人又帮助大家，为受伤的马克曼搭了一间以椰叶盖成的简陋小屋。

最后，肯尼迪则跟随土著人，前往阿巴兹上尉那里去。

到达之后，阿巴兹上尉就将 PT 艇基地送来的公文转给这位赤着脚、只穿一件内衣的客人看。

肯尼迪从这份公文上得知，今晚将有三艘 PT 艇前往欧拉撒纳岛，去营救落难的 PT—109 艇船员。

阿巴兹上尉亲切地对肯尼迪说："看样子，你的部下已无需你担心了，你现在应该先到列多巴去休息。"

"谢谢您的关怀，不过，我必须先与 PT 艇基地联络。同时，今晚的援救工作，我也要参加，因为这一带珊瑚礁密布，不熟悉地势的人很可能会触礁。我对这一带很熟，要当他们的向导。"

肯尼迪婉拒了阿巴兹上尉的好意。

这天晚上的援救工作就在肯尼迪的帮助之下，圆满地完成了。8 月 8 日，即星期天的早上，这 11 位生还者终于在遇难一个星期之后，安全地回到了列多巴的 PT 艇基地。基地上的战友们都高兴地拥上来，祝贺他们能死里逃生。看着这 11 位满面胡须、衣服又脏又破的战友，有些人还忍不住地开玩笑说："我们以为你们都已死了，所以早就为你们举行过追悼仪式。没想到你们又回来了，看来你们这几个人还真不好侍候呢！"

几个小时之后，海恩尼的肯尼迪家电话突然响起，拿起话筒的罗丝夫人，听到一个令她兴奋的消息说："夫人，杰克并没有死，他还活着！"

"啊！ 他没死？ 这是怎么一回事啊！"

电话的那一端，从声音里都已感觉到这位夫人的兴奋与安心。

接着又问："约瑟夫先生在吗?"

约瑟夫连忙接过话筒，脸上已露出安心的微笑。 这几天为了杰克的行踪不明，他寝食难安，现在总算是放心了。

事后，PT—109 艇的 11 位水兵能够安全地被救回，虽然是由于他们的耐心等待及团结合作，其实，最大的原因还是肯尼迪艇长的领导有方。

正由于肯尼迪的责任感、适当的判断力以及不屈不挠的意志及勇气，他们才得以获救。 否则，这 11 位美国海军士兵将永远消失在南太平洋中。

至于肯尼迪本人，因为这次了不起的功劳，荣获荣誉战伤勋章及海军勋章。但对肯尼迪而言，他认为这是一次宝贵的经验，这个经验远比勋章更为重要、更有价值。 由于克服了这个困难，肯尼迪比以前更成熟，也更有信心了。

二次大战时肯尼迪曾经荣获海军勋章

这次经历对肯尼迪以后的人生旅程有很大的帮助。 甚至还有人说，如果没有这场考验，也许以后的肯尼迪总统就不会出现了。

肯尼迪

哥哥阵亡

虽然肯尼迪中尉与PT—109艇的共同生活到此已经结束，但战争仍未停止。由于他背部的伤病，上级打算送他到美国中部去休养，但是他拒绝了上级的好意，反而要求担任另一艘PT艇的艇长。

他的要求终于被接纳，于是，他又与新成员们共同开始PT—59艇的战斗生活。

成为PT—59艇新艇长的肯尼迪中尉，仍像以前那样尽职尽责。有一次，为了搭救被日军包围的美国海军，经过一番苦战，最后在他那艘小鱼雷艇上，搭载了五六十位海军人员返航，成功地完成了任务。

在这些被救出来的人当中，有一位是军医，后来这位军医从新闻上得知那位昔日搭救他们的鱼雷艇艇长就是现在的总统时，几乎令他难以置信。

肯尼迪担任PT—59艇的艇长不过两三个月，因为背部的伤势恶

1943年 肯尼迪（左边第二位）和
三位海军战友在所罗门群岛上

化，同时又染上了疟疾，他迫不得已只好回国休养。

就在这一年的12月，肯尼迪告别了PT—59艇的水兵们，离开了列多巴基地，回到国内，暂时在鱼雷艇训练中心担任教练。一直到1944年的春天，他才进入海军医院，先后接受了两次背

部手术。

一直到这一年的夏天，肯尼迪还未痊愈，仍在继续治疗中。 好在这医院就在海恩尼附近，每逢周末，医院就准许他回家休息。

8月初的一个周末，肯尼迪躺在自己的房间，又回想起一年前在南太平洋遇难时的情形。

"对了，这场战争结束后，我一定要把PT—109艇那些同生死共患难的战友们请到海恩尼来玩玩。"

正当他这样怀念以前的战友们时，有两位天主教的神父前来拜访肯尼迪家的主人约瑟夫。

由于肯尼迪家都是虔诚的天主教徒，因此常会有神父来访。但是，今天这两位神父的表情凝重，好像与平常不同。

约瑟夫将两位神父请进了书房，似乎只谈了短短的几句话。几分钟之后，这两位神父就告辞了。 站在门口送客的约瑟夫却脸色大变。

看来这两位神父一定带来什么重大消息，否则不可能使遇事沉着、从不轻易动情的约瑟夫的神情突变。

原来这个消息是与约瑟夫的长子乔有关。 乔自从当了海军的飞行员之后，一直在欧洲战场作战。 不料最近在一次轰炸中，乔行踪不明。 神父们说"行踪不明"四个字时，与去年说杰克时的口气一模一样，所不同的是乔始终没有被找到，也就是说他已为国捐躯。

经过情形是这样的：乔奉命去轰炸一个纳粹的潜艇基地，他驾驶着一架上面载有某种炸弹的飞机，这种飞机将要执行一种特殊的任务，也就是说飞行员只要将飞机开到目的地，就跳伞逃生，而以遥控操作使飞机撞上敌人的基地。 这一次却因为不明的原因，乔所驾驶的这架飞机在他还没有跳伞前，就已经爆炸了。

因此，中尉乔（小约瑟夫）与同机的威利中尉之死是很明显的事实，应该是不会错的。

肯尼迪家的每一个人闻讯都哀痛不已，整栋豪宅沉寂得鸦雀

无声。

失望、哀伤的气氛笼罩着肯尼迪全家。海恩尼这栋豪华别墅陷入一片愁云惨雾之中。

本来幸福、快乐得没有一点缺憾的肯尼迪家，最早发生的不幸事件，就是大哥乔的去世。

紧接着，第二件不幸的消息又在一个多月后发生了。

那就是结婚只有几个月的凯萨琳的丈夫、英国贵族哈金顿侯爵，在诺曼底战场壮烈牺牲了。

杰克为此非常悲痛，因为在所有的兄弟姐妹中，杰克与凯萨琳的感情最好。可是，祸不单行，几年之后，杰克最疼爱的这位妹妹也在一场飞机意外事故中身亡。

原本充满活力的肯尼迪家子女，却接二连三地遭到死亡的打击，而且都是英年早逝。也许他们那种强烈的生命力，反而是为他们带来这种悲剧的原因吧！

在人生的旅途上，亲人的死亡最令人悲痛。就以杰克来说，大哥的死不仅带给他重大地打击，同时也转变了他未来的命运。

此时是 1944 年，第二次世界大战已逐渐接近尾声。1945年在欧洲战场上，意大利首先投降，接着，德国也相继投降。最后，只剩下日本仍困兽犹斗，但在各国的加紧围攻之下，终于在 1945 年 8 月 15 日，宣告无条件投降。

第二次世界大战终告结束。杰克从军队里退伍下来，暂时从事新闻记者的工作。看到像潮水般的年轻士兵纷纷从战场上回来，杰克开始认真考虑自己的未来。

通往白宫之路

　　创造权力的人对国家的强大做出了必不可少的贡
献,但质疑权力的人作出的贡献同样必不可少,特别是
当这种质疑与私利无关时。

——肯尼迪

肯尼迪 Kennidi

步上政治舞台

据说当乔阵亡的消息传来几天后的一个晚上，父亲约瑟夫把杰克叫到书房，对他说："杰克，乔去世了，我们肯尼迪家族历来对社会大众服务的传统，看来必须由你来继承。从今天起，你将成为肯尼迪家族的代表，正式向政治舞台进军，我会全力支持你的。"

"是的，爸爸，我一定会继承大哥未完成的事业，而且会加倍努力去做！"

据说当时杰克曾经非常肯定地向父亲许下了诺言。

当然，这只是个传说而已。因为按照一般人的看法，约瑟夫并不是一个断然规定儿子们该如何去做的人，他仍然有可能希望杰克完全依照自己的意愿做自己想做的事。同时，杰克也不是那种唯唯诺诺的人。

不过，有一种情形是可以断言的，那就是如果大哥乔没有死的话，杰克可能就不会步入政界，后来也就不可能成为美国总统，倒可能成为美国的历史学权威——肯尼迪教授，或是国际问题专家——专栏作家肯尼迪。当然，此时的大哥乔则很可能成为美国总统，因为大家都会想到乔在阵亡之前曾说过的豪言壮语："我绝不愿久居美国总统之下！"

因此，大哥乔的去世是杰克登上政治舞台的原因之一，这是然而，最大的原因还是杰克本身对政治具有相当大的兴趣。

杰克对政治感兴趣的是提出法案、对于国家重要问题的讨论与决定，参与策划；而不是制造政治派系，或是只说大话来讨好选民。

战争结束之后，1945年10月，原来是波士顿政坛名人，也是麻萨诸塞州所选出来的众议员金姆·卡列，当选了波士顿的市长。 这样一来，卡列所属的众议院选举区麻萨诸塞州的第十一选区就多出一个空缺。

第十一选区在波士顿是属于最贫困的地区。 爱尔兰人、意大利人、东方人等各国移民大多住在这儿简陋的红砖平房中。对于那些出身上流社会，而且是从哈佛大学毕业的年轻人来说，对这一选区多半没有兴趣。

但是，杰克却决定要参与竞选。 真正的选举是在第二年的11月，但是6月里就要先举行预选。 这个预选就是由各党派提名候选人，实际上，只要被各党提名之后，就等于是已当选了一样，原因是第十一选区一向是民主党地盘，共和党在这一选区几乎没有获胜过。

既然是在党内竞争，以获得党的提名，所以选出预选人物比一般政策还重要。 同时，由于竞争激烈，在这种选举期间，常会出现人身攻击的情形，因而搞得彼此不欢而散。

外表瘦高，看来有点内向，28岁的约翰·肯尼迪在登记参与竞选时，其他的候选人都没有把他放在眼里。

"那个小家伙想搞什么？"

"哼！可能是富家子弟，无事可干，所以跑来插一脚，凑凑热闹。"

"哈哈！像他这种人，还不知道敢不敢在众人面前发表政治演说呢？"

"如果他撤销登记的话，我们可以雇他当秘书。"

几天之后，大家才发现这个富家子弟并不可忽视，而且有很

大的实力！

这个富家子弟就是约翰·菲茨杰拉德·肯尼迪，他的家在波士顿称得上是望族。 父亲是有名的富翁和外交家，为了儿子竞选，在金钱方面一点都不吝惜，因此他没有经济上的困扰；其次，肯尼迪本身也颇具魅力，这种魅力是政治家中很少见

1946 年，肯尼迪在海恩尼斯堡

的一种风格。 遇事总是很率直地发言，而不会夸大其词地故意卖弄。 他的言论平易近人，任何人都很容易了解。 同时，对于众人所关心的问题，他总是具体地加以描述、分析。

因此，已经有一些民众开始注意他、评论他说："那个年轻人的政见，听上去都很有道理呢！"

此外，肯尼迪还拥有一个优秀的智囊团，这些人包括他的父母亲、七位兄弟姐妹、学生时代的朋友、海军时代的战友，这些人都是基于亲情或友情而主动前来帮忙。

像他学生时代的好友里斯，虽是个共和党员，但是为了杰克，他居然从遥远的宾夕法尼亚州赶来帮助杰克竞选。

其他人例如利普以及托比、李特、费伊等，也都为了杰克的竞选而来到波士顿。

大致来看，肯尼迪的助选中心可分为两个：一个是由这些朋友所组成的；一个是以杰克的母亲与弟妹们所组成的。

表面上，父亲约瑟夫并未参与儿子的这次竞选活动，但事实上，他是杰克最有力的支持者。

虽然已经年龄不小，但看上去仍然美丽高贵的罗丝夫人，经常举办茶会，面露微笑地说些杰克的逸事趣闻。

　　这个选区的妇人与小姐们，平常几乎都没有机会与上流社会来往，如今，接到罗丝夫人的邀请来到豪华的肯宅，参加这种茶会，不但能与年轻潇洒的候选人握手，同时还受到肯家女士们的热情款待，自然对杰克充满了好奇与好感。

　　至于那七位弟弟妹妹们，则以罗伯特为首，开始到处活动。不过，此时的爱德华仍然还是小孩子，很少参加这样的活动，但这已使波士顿的人们大为惊骇，因为他们实在是太富精力了。

肯尼迪的弟弟罗伯特·肯尼迪

　　"哈！不论我们走到哪里，都可以见到肯尼迪家的人，好像现在在波士顿街头走路，不碰到他们是不可能的！"

　　大家族的好处此时已表露无遗。

　　"我是菲茨杰拉德·肯尼迪，此次参与竞选众议员，还请各位多多支持，拜托，拜托！"

　　杰克本人也四处拉票，不但到大街小巷去宣传，甚至连酒馆、餐厅、超级市场等公共场所，都亲自去拜访。

　　终于，竞选的日子来临了。杰克首先去投下自己的一票，然后与外祖父母弗兹夫妇去观赏一部名叫《卡萨布兰卡》的电影。

　　开票结果是杰克获得大胜，遥遥领先其他 8 位竞争者，他的得票占总票数的 42%。

　　外祖父弗兹格外高兴，老人家在兴奋之余，竟然还跳到桌子上高歌一曲。

　　1947 年 1 月，肯尼迪终于成为一位国会议员，当时的他非常年轻，只有 29 岁。 他的头发仍然蓬乱，脸上带着害羞的笑容，身材瘦高，外表上会给别人一种好感。 只是他在穿着上不大注意，他那瘦高的身材，往往穿着一件宽松、随便的衣服。他从学生时代起，就不太注重穿着，这似乎已经养成习惯。 所以，穿上太大或太紧的衣服，对他可是不足为奇。 有时，衣服上甚至还会有不少皱纹或污点，反正开会的时间一到，他就随便抓一件衣服套上身就算了。

　　因此，不认识他的人，总不相信他会是国会议员。

　　有一天早上，肯尼迪气呼呼地走进办公室对他的同事说："哼！刚才我搭电梯时，一位站在我身边的人，居然命令式地对我说：'喂，我要到四楼！'。"

　　原来别人把他当成了电梯服务员。 由于他衣着的不讲究，像这类可笑的事发生不少。

　　有一天，杰克到附近的一所高中去参观他们练习足球，一时技痒，要求他们让他参加玩玩。 球队教练很大方地答应了他，同时，还借给他一套球衣。 没想到，有位队员把他当成新进的队员，大声指挥着："喂！你来这里接球！"

　　杰克一点都不介意，并按照他的吩咐去做了。

　　后来，教练问这位队员："议员的足球技术如何？"

　　"议员？哦，原来那个人的外号叫议员啊。 这家伙还必须多加练习，对了，他到底是几年级的学生？"

　　成为众议员的杰克，最初被那些资深的议员们视为毛躁的小伙子。 那些人一点都不认为他是一位有风度的政治家。 但是，后来他们却发现肯尼迪有一种老练的气度，遇事总是先冷静地判断后才付诸行动。 也就是说，他的看法常因具体情况而不同。这种作风已逐渐引起大家的注意，人们开始对他另眼相看了。

　　杰克的众议员生涯后来又经过两次当选，一共做了 6 年。在此期间，杰克对于各种法案的赞成或否决都是非常谨慎而努力的。 为了成为一位优秀的政治家，他一直是全力以赴。 我们从下面的几件事就可以知其一二。

首先，杰克对于能促进社会安定的法案总是深表赞成。

就在他刚成为众议员时，美国人民正因为住宅不足而深受困扰，受影响最大的就是退役军人。因此有人提出一个住宅法案，主张政府建造价格便宜的房子，供这些退役军人们居住。但是，这个法案却常受到那些以不动产业者为代表的议员所施加的压力，因此，在议会上一直无法通过。

在这些外部压力中，最为强硬的竟然是退役军人委员会。退役军人团体却不维护退役军人的利益，说来实在令人诧异，但当时的确如此。

这个法案虽然每年都无法通过，但杰克对此却始终不放弃。他很有耐心地与退役军人委员会的负责人周旋。终于，在一次民主党势力较为强大的议会会议上，这个法案被通过了。

除了社会福利方面的法案外，杰克所关心的就是劳工政策。

当时，美国保守派的人认为劳工组织的力量太大，为了限制劳工组织的权利，而提出了《塔夫脱——哈特莱法案》。

★ 资料链接 ★

塔夫脱—哈特莱法

第二次世界大战结束后，美国工人阶级为提高工资和改善福利待遇，掀起了大规模的群众性罢工运动。工人运动的高涨，引起了美国统治集团的恐惧和不安。

为抑制和削弱工人运动，1947 年 6 月 23 日美国国会通过了《1947年劳资关系法》。它是由参议员罗伯特·塔夫脱和众议员弗雷德·哈特莱提出的，所以也称为塔夫脱—哈特莱法。

该法是美国历史上典型的反劳工立法。它限制工人参加工会的权利，不准工会要求同厂的工人加入同一工会；禁止全国性同业工人的集体谈判；禁止共产党员担任工会领导职务；工会举行罢工前必须先发出通知，规定有六十天"冷却期"静候政府调查；法院有权下令禁止罢工；宣布原来关于工会问题的瓦格纳法无效。

该法把美国劳工长年斗争所取得的成果剥夺殆尽。法案通过后，美国广大工人和民众掀起了强烈的抗议怒潮。

"共和党先生"罗伯特·塔夫脱

肯尼迪深入了解了当时美国劳工组织的缺点后，对于这个法案采取了坚决反对的立场。

他曾在报告中说："投资者可以为自己的利益考虑，当然劳动者也可以为自己打算。"

同时，他以通过这项法案将会使劳资对立更加尖锐的理由来说明这项法案的通过只会使资本家获利而已。但是，大家都不赞同他的说法，到最后《塔夫脱－哈特莱法案》还是以压倒性的票数获得通过。

杰克所支持的其他法案中，还有提高最低工资、移民分配额的增加等提议。

至于他所反对的法案，有学校伙食费的削减、房租统制的缓和、减轻有钱人的税捐，等等。

至于外交问题，肯尼迪的表现就不像在国内问题上那么积极，但是，他仍然有自己的原则和看法。

对于战后欧洲复兴及防卫工作，肯尼迪主张美国应该予以协助，但他更强调西欧各国自身的努力。

在他众议员的任期内，曾做过世界之旅，最后一站就是日本，那是 1951 年的事。

他在访问过巴基斯坦、印度、马来西亚、印尼之后，带着弟弟罗伯特、妹妹芭特莉希亚来到了日本的东京。当时这个看来外表潇洒，给人好感的年轻人，没想到会在十年之后就入主白宫，成为美国第 35 任总统。

美丽的女记者

肯尼迪，这位只有 34 岁的年轻国会议员，身材瘦高，给人的第一个印象就是出身上流家庭，虽然他的头发有点凌乱，但反而更具魅力。

他家境富有，年轻、未婚，如今又是国会议员，像这种条件，正是每个未婚女性梦寐以求的好夫婿。

"到底谁才会成为他的新娘呢？"许多人都这样想着。

当然，与杰克约会的少女们不在少数，但是能够让他动心的人似乎一直未出现。

1951 年的春天，杰克应邀前往朋友哈特列夫妇家做客。当天晚上的客人并不多，那是一个令人感到温馨、愉快的小型晚宴。但是对于杰克而言，这却是个永远深深印入脑海中的宴会。因为他未来的妻子杰奎琳·布比亚就是宾客之一。

"杰奎琳小姐，我来为您介绍一下，这位是众议员约翰·肯尼迪先生。""这位小姐是我的好朋友杰奎琳·布比亚，她曾在巴萨（美国著名的女子学院）与苏孟鲁（法国有名的大学）念过书，现在是华盛顿大学的学生，今年就要毕业了。"热心的主人替他们相互介绍说。

杰奎琳面露微笑地向杰克伸出手。杰克看着她那茶褐色的头发、迷人的面庞，只觉心中一动，也慌忙伸出手。

在进餐时，杰奎琳先开口说道："我对政治可真是一点都不懂。"然后，就问起杰克许多有关政治上的问题。

杰克在这一次交谈中，得知这位颇具魅力的小姐对于美术方面的兴趣很大，此外，她还精于骑术。

宴会结束前，杰克在心里盘算着，如何才能再次见到杰奎琳。

"以后，我可以打电话给你吗？"杰克试探着问。

"当然可以，我等你的电话。"杰奎琳大方地回答，并给杰克留下了她的联系电话。

几天之后，杰克打电话给杰奎琳说："今天晚上有空吗？如果没有事，我想请你一道吃饭。吃完饭，如果你不介意，我想请你去看电影。"

"好的，我很高兴。"

话筒那端传来杰奎琳明快、温和的声音。

"那么，晚上我会到府上去接你。"

这两个人就此开始来往。杰克常常投其所好地对杰奎琳说："下次我们去参观美术馆。"

每当他们进入美术馆，杰克总是凝神倾听杰奎琳的讲解。表面上，杰克似乎对她所说明的很感兴趣，实际上，他所欣赏的只是杰奎琳那种优雅、柔和的声音。

在美国，男人与女友约会时，总是要送点小礼物，一般都是些鲜花之类的东西。但杰克送给杰奎琳的礼物却与众不同，经常是些有关政治或历史方面的书籍，他用这些来代替世俗的鲜花、糖果。

就这样，经过一次又一次的约会，他们两个人的感情与日俱增，同时，也感到彼此间有着某些共同点。有一天，杰奎琳终于发现，自己已在不知不觉中，对政治产生了兴趣。

曾经有一次，杰克忽然对她说："下次我要参与竞选参议员！"

"哦，你所说的下次，是指明年的选举吗？"

"是的，你也知道啊！"

"当然，因为我近来一直在受你的熏陶和教育。"杰奎琳面露微笑，俏皮地说。

"如果我要在麻萨诸塞州参加竞选的话，我的对手将是亨利·卡伯特·罗吉。 他的实力相当强，一旦开始竞选，我就暂时无法见到你了！"

"你所说的暂时，到底有多久呢？"

"大概六个月左右！"

"嗯，确实很长。 不过，这也没办法，只是……"

"只是什么？"

"只是真的当选之后，我将亲自采访肯尼迪参议员的新闻。"

"哈！真的，那太好了！"

两个人说完，相视并大笑起来。

这个时候的杰奎琳已经毕业，她在《泰晤士·海拉特》报社当摄影记者，专门采访妇女新闻。 杰奎琳出身富家，外表显得很娇弱，当她去应征这份一星期只有 42 美元的工作时，连报社编辑都很惊讶地说："你真的要做这份工作吗？"

"当然，我是真心的！"

"这份工作并不轻松。 还有，在摄影方面，你没有问题吗？"

"有关摄影方面的常识以及当记者的一般知识，我都懂。"

童年的杰奎琳

虽然，当时杰奎琳一副胸有成竹的模样，但她的话实在令人怀疑。

因为，后来有一位她的摄影同事曾笑着说："杰奎琳对照相机的知识，大概只限于相机的正面而已。"

最初，杰奎琳对摄影确实不太内行，后来由于有不少男性摄影记者为了博得这位美人的青睐，常常主动地帮助和指导她，使她在很短的时间内，在摄影方面就有了长足的进步。

很快，杰奎琳就成为一家报社的专栏作家。 她总是以轻松的笔法写出自己想写的东西。 同时，她四处拍照，有卡车司机的照片，也有社会名流照片。 另外，她还访问很多人，听取他们的意见，然后将照片与说明稿一并登出。

这些工作经验对她日后成为第一夫人有很大的帮助。 因为她自己曾经当过记者，很了解当记者的困难与辛酸，所以在美国历代的第一夫人中，她是最能体谅，也是最会应付新闻记者的人。

当选参议员

参议员的选举在 1952 年 10 月举行，杰克则在春天就表明了要出来竞选的态度。 其实他早在这之前，就已开始了竞选活动。 从 1952 年的 1 月份开始，杰克只要一有机会，就前往麻萨诸塞州的各大城市和乡村去演说。

当竞选活动正式开始时，就如当初竞选众议员一样，由许多朋友与弟妹们为中心的助选组织成立了。

由弟妹们所组织的助选团的总监督仍然是罗伯特·肯尼迪。因为只有肯尼迪一家的人才可以任意地指挥肯尼迪一家大小。此时，帮助父亲工作的琴，以及已经成为社会实业家的尤妮丝，都从芝加哥赶了回来，在电视台工作的芭特莉希亚也从纽约回来了。

对这些女孩子而言，罗伯特实在是一位专制而又严厉的监督。 好不容易一天的竞选活动结束后，当她们一身疲惫地回到竞选办事处时，罗伯特·肯尼迪的电话也追踪而至，一点都不客气地说："现在各位帮忙，请马上过来开始活动，我想应不成问题吧，快点来！"

虽然这种工作实在很吃力，但是这些女孩子们为了肯尼迪家的名誉，都尽力、认真地去做。有几位姐妹甚至还向自己服务的机构请了半年的长假。

不论是刮风还是下雨，她们天天都出去奔波活动，挨家挨户地去拜访。超级市场、社区、地铁都有她们的足迹。她们首先都是自我介绍，然后才提出哥哥肯尼迪的事，请大家支持。

杰克的母亲罗丝夫人的活动也很有影响力。她仍然以杰克竞选众议员时的方式，经常在豪华的宅邸里举办茶会。有上千名妇女受到罗丝的邀请，来到肯尼迪家，接受这位年轻、潇洒的候选人的殷勤款待，同时也与他那位美丽高贵的母亲寒

肯尼迪在弗吉尼亚和选民在一起

暄。因此，不论老幼，都对肯尼迪家留下良好的印象。她们回去之后，自然会把肯尼迪对自己的丈夫或儿子竭力推荐一番的。

最令杰克助选团感到困难、头疼的是那位杰克的竞争对手罗吉。他在政见方面，并没有与杰克明显对立之处，也就是说这两位候选人的共同之处很多。其次，这两个人都是身材瘦高、外表潇洒的哈佛大学毕业生，同时又都出身于上流社会。虽然一个代表民主党，另一个代表共和党，但两个人的政治立场却没有太大的差别。罗吉是一位具有相当进步观念的共和党党员，对于自己党内的决策，他不会盲目服从，这种作风就与肯尼迪一样。

肯尼迪的优点，就是罗吉的优点；如果攻击罗吉的缺点，就等于攻击了肯尼迪的缺点。

同时，罗吉是现任参议员，他在麻萨诸塞州的名气相当大。

另外，这一年也是艾森豪威尔五星上将竞选美国总统的大选之年，罗吉就是把这位北大西洋公约组织的司令官推上政治舞台的人士之一。

为了罗吉的竞选，艾森豪威尔当然是义不容辞地赶来麻萨诸塞州帮忙。只是，罗吉太过于热心地为艾森豪威尔奔波，这点也是造成自己失败的主要原因。

这两个人的竞选活动都避免了正面的冲突、攻击，彼此都保持相当好的绅士风度。

"肯尼迪当选后，一定会为麻萨诸塞州尽力服务。"肯尼迪的助选人到处张贴这种标语和散发传单。

罗吉方面的人也不甘示弱地说："罗吉过去曾为麻萨诸塞州尽过不少力，以后仍然会以同样的态度为大家服务。"

竞选活动进入最后的冲刺阶段，在 10 月中旬的某一天，肯尼迪接到一封很意外的信。这是一位他做梦都想不到的人寄来的，使他又惊又喜，立即把这封信在报上刊登出来。

这封信的寄信人就是在第二次世界大战时期击沉 PT—109 艇的日军"天雾"舰的舰长花见弘平海军少佐。以下是这封信的部分内容：

敬启者：

由于强野君治博士的转达，我才知道在 1943 年 8 月所罗门群岛的海战中，我所击沉的那艘鱼雷艇，居然就是您所指挥的。当时，我是"天雾"号的舰长，我初听这消息，简直吓了一跳。后来，我在 1952 年 8 月 18 日的《时代杂志》上，看到那场海战的记录，使我好像又回到当时的情景一样……

1943 年 8 月初的那场夜战中，我发现一艘行动极为大胆的敌方小型鱼雷艇，这艘鱼雷艇面对我所指挥的大型驱逐舰，居然毫无畏惧地直冲过来。由于彼此的距离太近，我来不及下令开炮射击，于是临机应变，下令全速前进,要把这艘鱼雷艇撞成两半。现在得知当时指挥这艘鱼雷艇的就是阁下,不免有些心骇而又感慨万分。

我现在提笔写这封信,内心充满了对您当时那种大胆勇敢的行动表示佩服之意。同时,也为您在那种情况下,竟能克服万难,绝处逢生而感到庆幸。现在,贵国正举行国会议员选举,在此,我预祝阁下在这次选举中成功。

驱逐舰"天雾"号舰长　　花见弘平

这封信使选民知道现在这位候选人居然还是第二次世界大战中的英雄。 令人惊异的是,在这次竞选活动中,肯尼迪并没有把过去的英雄事迹拿出来炫耀,这反而使得选民们对他更为崇敬。

随着投票日子的临近,助选的工作愈来愈忙碌,罗丝夫人甚至常在同一时间,但在不同的地方举行几个茶会,全家的大小必须全部出动去主持茶会。

偶尔,罗伯特·肯尼迪还破纪录地发表简短演说:"很抱歉,我的哥哥杰克无法前来,母亲又不能分身,姐姐尤妮丝、芭特莉希亚、妹妹琴也都抽不出时间来,因此,由我来招待各位。如果杰克自己来的话,他也许可以告诉各位,罗吉的得票将不会很多,在此,我代表我们全家,感谢大家的支持。"

终于,投票的日子来临了。 这天晚上,肯尼迪亲自在竞选事务所监督开票结果。 罗吉的竞选事务所就设在不远处。 不久,各地开票的结果都送了过来。 这两位候选人的得票数互有领先,形成一场紧张的拉锯战。

一直快到天亮,罗吉的票数还领先于肯尼迪,这使得肯尼迪竞选事务所的气氛愈来愈紧张。

"托比,我们出去散散步吧。"杰克对一直陪伴在他身边的好朋友托比说。

于是这两位好朋友就来到附近的公园散步。 11月的清晨,

已透着初冬的寒意。

"杰克,你很担心吗?"托比有点紧张地问。

"我一点都不担心,我知道这句话听来好像是假话,但事实上,我真的如此,因为我很有信心。"

"哦,你真的一点都不紧张,那我倒很佩服你!"

说完,托比也轻松多了,他与杰克对视而笑。

当他们俩再回到办事处时,开票的情形又有了变化。此时已变成肯尼迪领先的局面,一直到早上6点,肯尼迪的胜利几乎已成定局。

最后,肯尼迪获得1211984票,罗吉获得1141247票,肯尼迪以多出7万票而赢得了这次的竞选。

新婚夫妇

1953年1月3日,肯尼迪在参议院完成就职宣誓,然后回到自己的座位上,当时坐在他旁边的是明尼苏达州选出来的韩福瑞参议员。

17天之后,杜克·D·艾森豪威尔就任为美国第34任总统。

身为参议员的杰克在志得意满之余,还想着一件事情,那就是杰奎琳。

竞选结束之后,杰克又开始与杰奎琳的交往。他们常在一起谈论美术、戏剧、政治,也常在一块进餐。分离了六个月,如今又相逢,俩人在情感上更为亲密了。

有一天,杰奎琳对杰克说:"你大概没有忘记吧,我以前曾经说过,如果你当了参议员,我要去采访你的新闻。"

"哦,有这回事吗?我倒忘了!"

"你不要赖皮，我过几天就会去采访你的。"

"不过，最好等开完会。大家都离开了，你再来访问好吗？因为我在参议院中，只是一个资格比较浅的议员。"

"就是因为你是新进议员，所以才有采访的价值。"

"哦！只怪我遇到你这么能干的女记者，真是一点办法都没有。"杰克说着，笑出声来。

几天之后，杰奎琳果真去参议院采访了。她采访的主题是："如何看待议会里面的议员？"

当时，接受访问的包括副总统理查德·尼克松以及约翰·肯尼迪。

对于杰奎琳提出的问题，尼克松的答复是："我认为在这些议员中，将来一定有人会成为杰出的政治家。因为这些人的感觉都很敏锐，对于政治方面，都有很好的见解！"

当时刊登在尼克松副总统照片及问答的下面就是肯尼迪参议员的照片及他的答复："如果参议员能与新闻记者们交换彼此的工作，也许我们的国会可以更进步。如果有一天制定了这种法律，我将很乐意将我的工作交给他；同时，我也会把他当成参议员一样看待。"

1953年9月10日参议员肯尼迪和杰奎琳小姐
在草坪上休息，两天后他们将举行婚礼

后来，杰奎琳又以同样的题目访问了其他几个人。

当然，他们每个人都提出自己的看法。有的人则针对肯尼迪议员说了如下的一段话："肯尼迪议员时常会以褐色的纸袋装着他的午餐带到办公室来；同时，由于他太年轻，往往使得参议院门口的警卫误认他是一名见习生。有一次，他想打电话，警卫立刻阻止他说：'你不可以使用，这里的电话是参议员专用的。'"

杰奎琳做完这个访问之后，就出外旅行，采访别的新闻。因为当时适逢英国伊丽莎白女王的加冕典礼，她必须前去采访，以介绍给《泰晤士·海拉特报》的妇女读者。

杰奎琳的报道不但独特，而且颇具刺激性。

每次只要有杰奎琳的报道出现，杰克总是一字不漏地用心看完，然后就打电报给她："虽然见到你精彩的报道，但无法见到你本人，实在令人遗憾！"

从英国回来不久，杰奎琳就辞掉了报社的工作。6月25日，这家报社就以头条新闻登出杰奎琳与肯尼迪订婚的消息：

> 《泰晤士·海拉特报》的女摄影记者，与美国参议院
> 最佳未婚男性之间的传奇性罗曼史，终于有了美满的结
> 果。这对情侣将在9月12日于罗得岛的新港举行结婚
> 大典。

另外，在杰奎琳的巨幅照片下，还有如下的一段报道：

> 杰奎琳·布比亚（23岁）与约翰·肯尼迪，麻萨诸塞
> 州的参议员（民主党，36岁）的结婚消息将在本星期四正
> 式公布。

1953年9月12日的婚礼当天，是个难得的好天气，似乎连上天都在为这对新人祝福，天上只飘着两三朵浮云。

婚礼是在杰奎琳父母所居住的小城市新港举行的。在这个小城中，住着许多上流社会的人士。但是肯尼迪和杰奎琳他们豪华的婚礼仍然令这些上流人士大为吃惊。

婚礼是在教堂举行的，一大早就有上千名观众聚集在教堂门

口，想一睹这对新人的风采，为此当时还曾动员了好多警察来维持秩序。

不一会儿，漂亮大方的新娘与家人乘坐的黑色大轿车缓缓而来，望着这位美丽高贵、仪态万方的新娘步出礼车，围观的人们都情不自禁地发出赞叹声。 此时，

1953 年 9 月 12 日肯尼迪与杰奎琳在美国罗得岛天主教堂举行结婚典礼

教堂里传出了优美柔和的婚礼进行曲。 婚礼是由波士顿天主教的卡欣枢机主教亲自主持的，前来观礼祝贺的客人约有 600 多位。 当然，其中一定包括托比、里斯、李特上尉、费伊上尉等等杰克以前的老伙伴。

婚礼举行完之后，就在肯尼迪家中举行盛大的宴会，参加这次宴会的多达 1200 多人。

最后，新郎新娘坐车到墨西哥、加州一带度蜜月。

终于成为肯尼迪家族一员的杰奎琳，一下子加入这个大家庭，实在不容易适应。 事后，杰奎琳曾对别人说："肯尼迪家的人好像永远不会疲倦似的，他们常常今天打网球，明天又要玩游艇，经常换花样，而且他们的玩法与一般人不同。 有时一大早就开始打网球、踢足球、游泳或是打高尔夫球，反正是想什么就玩什么，到了晚上也不休息，还精力充沛地举行室内游戏。我仅仅看着他们玩儿就已经够累的了，觉得体力已经消耗了一半！"

如果有人说肯尼迪家的人甚至在晚上都还在运动、玩游戏，这种说法不见得可靠，杰奎琳一定会断然反驳说："肯尼迪家的人常在晚上举行室内游戏，他们这种娱乐不只是无聊地呆坐在那

里。 不过，他们全家聚集在一起的机会并不多。他们家是一个幸福的大家庭，我深深地觉得能与他们相处在一起确实是很快乐。 外面的传言'肯尼迪家大小经常都聚集在一块'这种情况，显然是被加以渲染了。"

肯尼迪和父母的合影

生性较内向的杰奎琳对于肯尼迪家这种与众不同的活动一点都不觉得有压迫感，她仍然保持自己的立场，也许这就是她自己本身强烈的个性与自尊所决定的吧。

有一天，杰奎琳正在思索什么事，杰克忽然开玩笑说："如果你愿意把现在所想的事说出来的话，我就给你一分钱。"

杰奎琳却以一种很严肃、认真的表情回答说："这是我自己的思考，如果我说出来的话，就不是属于我的东西了。"

在新婚初期，杰奎琳的这种个性给了杰克很大的影响。

后来，尤妮丝曾说："杰克这个人好像永远不知道要休息似的，杰奎琳为了改变自己的丈夫，不知花了多少的努力！"

如此看来，杰克与杰奎琳有很多共同点，但彼此也有不少互相弥补的地方，应该说他们这一对夫妻实在是很般配。

结婚之后，这对新婚夫妇就在维吉尼亚州的麻林镇买了一幢宽敞而又漂亮的农舍，暂时居住在那里。

肯尼迪家的人都喜欢大家庭的生活，所以这种新房子也很宽敞，他俩考虑到日后会有很多孩子。

偶尔杰克因为工作的缘故，回来得比较晚，这栋大房子难免就显得太安静了。 在这种时候，杰奎琳大多是作画，或是看些有关美国历史的书籍来打发寂寞的时光。

后来，受到杰奎琳涂涂抹抹的影响，杰克也开始以画画来消遣自己的业余时间了。

杰奎琳偶尔会到议会去旁听，因为她觉得这是杰克的工作，她应该有所了解。 虽然过去她对这方面不太关心，但现在却是愈来愈感兴趣。 尤其是看到杰克针对法案提出说明或是演说时，她更全神贯注地凝神倾听。

杰奎琳曾说："我直到现在印象还很深刻、很感动的一个提案是杰克为了一条水路而站起来慷慨发言时的情形。"

这个水路法案就是从加拿大的圣劳伦斯河开一条运河通到美国的芝加哥，目的是为了加强运输能力，促进产业发展。 这是对美加双方都很有利的一个计划，可以降低很多运费。 但是，有些人由于靠旧的运输方式获得了利益，因此极力反对。

当参议员时的肯尼迪

尤其是肯尼迪所代表的麻萨诸塞州内有个波士顿港口，因此地方人士对于这个运河法案率先反对。

肯尼迪当然知道如果反对选民的意见，对于自己将来的竞选将会大为不利。 但是，如果从长远的眼光来看，麻萨诸塞州将来会因这条运河的开发而得到很大的利益。

1954 年 1 月的议会上，肯尼迪就在全场的注视下，发表了他赞成开凿运河的演说。 他的这篇演说很像大学讲坛上讲授经济理论似的，思路有条不紊，口气也不像一般的演说家。 别说是杰奎琳，甚至连其他的人也都深受感动。

娶了美丽而贤淑的妻子，在事业上又是一帆风顺的肯尼迪，

在表面上看来,好像一切都很称心如意,事实上,他也有他的痛苦。 在哈佛大学时代,为了踢足球而受伤的背疾一直困扰着他。 这个背疾原来已大致痊愈,但在 PT—109 艇遇难时受到猛烈的撞击,又因长时间浸泡在海水中,以致伤势再度恶化。 据说,他后来回国在海军医院所接受的手术反而造成了恶果,因为他的脊椎部分曾嵌上一块金属板。

"杰克的背部有一个洞,通过这个洞,可以看到外科医生所放入的金属板。"

这是杰克的一位朋友所说的,到底是真是假,就不得而知了。

暂时康复的背部,因为过分劳累的竞选活动,又开始疼痛了。 每当他疼得难以忍耐时,就去洗热水澡,而且是使用淋浴方式,有时一天要淋上三四次。

有时候疼得厉害,甚至在出门时,都必须依赖拐杖,这是他最厌恶的一件东西。

他的一位朋友曾说:"杰克生性好强,虽然走路时常常被迫使用手杖,但是当他进入议会发表言论时,多半在进入以前就丢掉手杖,以军事训练时一样笔挺的姿势走进去。"

他举行婚礼时,有些好友曾为他担心地说:"杰克的背部能不能长久地支持他跪在圣坛前呢?"

从 1954 年的夏天开始,他的背痛越来越厉害,终于无法再丢弃手杖了。

这个时候,在参议院中掀起了麦卡锡旋风。 如何处理这个问题,已成为参议院的重大课题。

麦卡锡是威斯康辛州选出来的参议员,他是个顽固的反共人士。 美国有反共分子,也有亲共人士,这并不算犯法。 但是,麦卡锡却极力主张对公务员实施思想调查。 他经常为了一点小事就怒责别人是共产党分子,任意加以攻击,因此引起了众人的反感与愤慨。 当然,也有不少人赞成、支持他,因而在美国引起轩然大波。

一向尊重思想自由的参议院认为麦卡锡的行为严重地违反了参议院的传统，根本不配作为参议员，尤其是重视公民自由的进步派人士更是正面地反对、攻击他。

麦卡锡的问题越闹越大，到最后，几乎所有的参议员都必须表明自己对他的态度。

肯尼迪除了背疾之外，麦卡锡旋风问题也深深地困扰着他。肯尼迪原来就没有进步派或保守派的明显立场，因此也没有激烈地反对或赞成麦卡锡的必要，这样一来，双方的人都对他抱着一种怀疑的眼光。

严格说来，麦卡锡是肯尼迪最讨厌的政治家类型，但是肯尼迪很少以感情来做判断。他不会以个人的喜恶或是道德标准来判断一个人。因此，对于麦卡锡的问题，肯尼迪总是以麦卡锡在法律上站不住脚作为非难的重点，而对于他的态度并未表示什么。因此，有一部分人认为肯尼迪这种作法不够明确。

终于，针对麦卡锡的所作所为，有人提出了谴责的动议，要以投票来表决。结果，支持麦卡锡的人失败了，这是 1954 年 12 月发生的事。当时，肯尼迪曾因为背疾手术而住院治疗，因此并未参加投票。一直到最后，他对这件事的立场始终没有明确。

★★★★★★★★★★
★ 资料链接 ★
★★★★★★★★★★

麦卡锡

约瑟夫·雷芒德·麦卡锡是美国政治家，生于威斯康辛州，美国共和党人，狂热、极端的反共产主义者。麦卡锡毕业于马凯特大学法学系，1935 年开始从事律师业，1939 年任巡回法院法官。1942 年，美国开始参加第二次世界大战时他加入海军陆战队。1946 年他依靠反共观点当选为参议员，任参议员期间，经常发表攻击共产党的演说，谴责杜鲁门和马歇尔对待共产主义的软弱态度，帮助艾森豪威尔当选

美国总统。 他曾任政府活动委员会主席,指挥调查委员会调查美国民主党成员以及他的政敌、对他有意见的新闻人物,不少人被撤职、逮捕甚至被处死。 后来他在军队中搞忠诚调查,引致艾森豪威尔的不满。 1954 年,参议院通过法案谴责麦卡锡的政治迫害行为。 1957 年,他因肝炎在马里兰州逝世。

《勇敢者的画像》

反对麦卡锡的声浪越来越高涨。 与此同时,1954 年的夏天,杰克的背疾也越来越厉害,到了几乎令他无法忍受的程度。

杰克接连请教过多个这方面的专门医生,可是他们的意见却不一致,有的劝他趁早动手术,有些则持相反的意见,认为在这种情况下动手术太危险。

唯一可以肯定的是这种病很难缠,即使动手术也要冒很大的风险。

杰克现在面临的抉择,是以生命作为赌注而接受大手术好呢,还是如行尸走肉般默默度过下半辈子。

杰克低头凝视手里的松木手杖,耳边响起自己前一天对探病的好友们所说的话: "与其一辈子与拐杖为伍,不如早日了断!"

不错,他是一个生性倔强的人,即使是这种几乎无法忍受的痛苦也不曾令他呻吟或者诉苦。 然而,可怕的是,这种状况到底还要维持多久呢?

以杰克的个性而言,他绝对不肯过着虽生犹死的缠绵病榻的生活,因为这样一来必将自绝于政治家的生涯。

终于,杰克下定了决心,准备接受手术治疗。

10月11日，杰奎琳陪着他住进了纽约医院的特别外科病房。首先是一连几天的慎重检查，医生们显然不敢贸然地去做手术。

10月21日，漫长的手术终于开始了。

在一旁等待丈夫从麻醉中苏醒的杰奎琳虔诚地祈祷着，一种恐惧感笼罩着她，使她度过了平生最长的一天。

此后一连数个星期，杰克都仰卧在黑暗的病房中与死神搏斗。除了他的太太、双亲及兄弟姐妹之外，医生拒绝了一切探访者。

杰奎琳竭尽所能地陪在丈夫身边，有好几次，看见病况十分危急，医生们不得不对她表示："情形非常不妙，请你立刻召集他的家人，可能的话把神父一起找来。"

眼泪几乎已经流光的杰奎琳，面容枯槁地依言走出病房。

神父为杰克举行了天主教徒的临终仪式，围绕在他身旁的是匆忙赶来的父母及弟妹们，他们都齐心向上帝祷告。

或许由于杰克本身具有强烈的求生欲的关系，眼看生命垂危的他竟奇迹般地渐渐好转起来。到了圣诞节，医生竟然允许他回到佛罗里达州的别墅中与家人团聚。陪着杰克的，除了杰奎琳外还有医院配备的特别护士，往返都是用担架抬上专用的飞机。

2月中旬，再动第二次手术。这次的手术相当顺利，那些要命的金属板终于被拿掉了。

2月25日是一个值得纪念的日子，杰克已经可以独自走路，于是他准备出院了。

出院之后，杰克在佛罗

肯尼迪的妻子杰奎琳

里达州的别墅中静养了好几个月。 比起开刀初期连一本书都拿不起来，现在他的情况好得太多了，可是仍然不能任意活动，一切都要受限制。

杰克为了排遣病中的无聊，一直在动脑筋想找点事做。

"我想写作。"有一天，正在床上看书的杰克忽然抬起头来对他妻子说。

杰奎琳这时正站在窗户旁边作画，她回头以微笑鼓励着丈夫往下说。

杰克挪动了一下身子继续说："长久以来，我一直在沉思有关政治家的勇气问题，勇气本是一件很抽象的东西，政治家们是以什么样的方式来显示他们的勇气呢？我对这点非常感兴趣。我曾经想过多位参议员，包括卸任的和现任的，我想以勇气为主题为他们做传，你觉得这个想法如何？"

一度想以写作为生的杰克，在这段卧病的闲暇中又想起年轻时的作家梦。

他的双眼闪着晶亮的光辉。

"好啊，杰克，你的想法相当吸引人。 如果你有兴趣不妨试试看，可是，这会不会对你的身体有影响呢？"

杰奎琳难免为大病后的丈夫担心。

"我看不成问题，这种工作即使躺在床上也可以进行。 可是搜集资料就比较伤脑筋，以我现在这个样子是不可能自己动手去做，唯有拜托别人了。"

"那就请人帮忙吧，只要我能插得上手的地方，一定全力相助。 对了，我看你托舒南生吧，他一定会令你满意的。"

舒南生是肯尼迪身边的一位优秀法律人才，专门负责做调查工作的。

"说的也是，那就决定找他吧。"

由于舒南生四处搜集资料，卖力地工作，不久之后，成堆的资料和书籍已被送到肯尼迪手中。

于是，或者靠坐在床沿，或者坐在庭园里的树阴下，杰克把可能利用的时间都用来写作。 他那一手有个性、舒缓的字体逐渐填满了一张张空白的稿纸。

杰克埋头写作的那种拼命劲儿，使杰奎琳深深为他担心，唯恐他身体支撑不住，于是几次提醒他说："你这么辛苦地写作对健康不太好吧？"

杰克选出几位以前或在任的参议员，详细地调查他们的记录，然后以敏锐、睿智的客观态度，对他们的政治行为的动机加以分析探讨。 他认为这些杰出的政治家们之所以能够有所作为，表现出不同于普通人的勇气和节操，全因为他们是有自尊、能自爱的人。 但他们的基本动机是爱自己，而不是先爱社会。

杰克很明白社会上的很多人都视政治家为翻云覆雨、言而无信的人。 他认为这种观念是错误的，他从自己的体验中深深了解到一个在众人环视下的政治家经受着怎样的勇气的考验。

政治上的勇气常以各种不同形式表现出来，杰克常常说："有些人为了某种绝对的理想作献身式的努力，以表现其勇气；另一些人则接受和解，以妥协替代斗争，而表现出另一种勇气。"

政治家为了关怀民众的意向而无视财团及劳工组织的愤怒时需要勇气，要贯彻这种勇气与节操时还要冒着受朋友非难的危险，甚至会被朋友舍弃。

真正有勇气的政治家，必须面对着有助于自己政治生涯的友人们的责难而面无惧色，更不能因此退让。 更多的时候，他必须面对自己的良心。

不久之后，这本书即付梓，杰克把这本书命名为《勇敢者的画像》，由美国著名的出版公司——哈佛兄弟出版公司负责出版。

1956 年初版时，他在扉页注明是献给自己的太太，因为如果没有杰奎琳的帮助和鼓励，这部著作也许就无法完成。

这本书很快吸引了大家的注意力，佳评潮涌，报纸、杂志的书评栏莫不争先恐后地加以推介，销售量曾连续好几个月高居首位。 这本书以及作者都成为人们的热门话题。

"现在最热门的参议员写的那本著作《勇敢者的画像》你看过没有？"

"早就看过了，我觉得这本书写得相当精彩，没想到参议员也能写出这么好的书。"

"我也读过了。 我过去也像你一样认为政治家不会写文章，现在不得不改变自己的看法了。

由于这本书的畅销，肯尼迪的大名一下子变得十分响亮。 同时这本书也提高了政治家在人们心目的地位。

可是也有人持保留的态度，认为一位参议员绝对写不出可读性这么高的书，必然是有人捉刀代笔。 当然，这种说法完全是捕风捉影毫无根据。 当他们看过杰克的亲笔原稿后，就哑口无言，再也不敢随便批评了。

次年，也就是1957年，这本书获得普利策传记文学奖。 普立策奖是颁给杰出的小说、诗歌、传记等作家，以及在报道、音乐方面有优异表现者，是美国境内最具权威的全国性大奖。

知识链接

普利策奖

普利策奖是美国一种多项的新闻、文化奖金，由美国著名的报纸编辑和出版家约瑟夫·普利策出资设立。

普利策1868年开始从事新闻工作，他的一生对美国报纸的发展有着较大地影响，被人们誉为创办现代美国报纸的先驱者和示范者。 1903年，普利策写下遗嘱，决定出资兴办哥伦比亚新闻学院和建立普利策奖金，由哥伦比亚大学董事会掌管他遗赠的基金。 1911年10月29日普利策逝世。 根据他的遗嘱，1912年开办了哥伦比亚新闻学院，1917年起设立了普利策奖。

普利策奖包括新闻奖和艺术奖两大类。 其中新闻奖主要有：公共服务奖、报道奖、社论奖、漫画奖、批评评论奖、通讯奖、特写奖、新闻摄影奖等；文学艺术奖有小说奖、戏剧奖、诗歌奖、美国历史作品奖、自传或传记奖和非小说作品奖；音乐作曲奖一项。 另外，还颁发两项特别奖。 美国普利策奖的奖金为 7500 美元，但获得公众服务贡献奖的报道不得奖金，获奖的报社将得到一枚普利策金牌。

普利策奖的创建人普利策

普利策当初遗赠的基金为 50 万美元，后来基金管理机构又筹措了 100 多万美元。 该奖由包括哥伦比亚大学校长在内的 16 人组成的普利策奖金评选委员会评选，每年一次。 评选结果一般都是在 4 月中旬的一天由哥伦比亚大学校长宣布，5 月份颁奖。

杰克得到了 7500 美元的普利策奖的奖金，他把这笔钱捐给了当地的黑人大学。

普利策奖对杰克的政治生涯也许没有太直接的影响，可是他的知名度因而大大地提高却是无可否认的事实。 他的博学及不凡的文学修养给人以强烈的印象，让人们对他刮面相看。

对于作者本身而言，这还是一本自省的书。

由于半年多不曾参与同僚们的活动，而且经过冷静地探究优秀前辈们的所做所为，杰克因此有了自我反省的机会，也考虑到身为政治家的自己将来的方向，因而更坚定了自戒的观念。

事实上，这个时期的杰克已开始从狭隘的选区意识与责任中解脱出来。

身为麻萨诸塞州的参议员的肯尼迪，已逐渐蜕变成长为全国性的政治家。

1956 年 5 月 23 日，肯尼迪参议员结束了几个月的静养，回到华盛顿。

当他走进参议院自己的办公室时，秘书们都鼓掌欢迎他，也有许多闻讯赶来的新闻记者。

"您的气色看起来已经很健康了。"

有一位记者打量着肯尼迪被佛罗里达的太阳晒黑的面孔，如此寒暄着。

"您的身体已经完全康复了吗？"

肯尼迪以微笑面对这种询问，并愉快地回答说："我的松木手杖已经收起来，大概再也用不着了。 我要再度成为健康活跃的人。"

"您已经有半年多没出席参议院的会议了，您会对自己的工作生疏吗？"

"在养病期间，我一字不漏地阅读每一份会议记录。 我相信我可以毫不觉生疏地再度开始工作。"肯尼迪从容而又信心十足地回答说。

第二天一大早，肯尼迪走进参议院会场，议员们都站起来拍手迎接他。 身为民主党的议会总务的詹森（后为美国第 36 任总统）开口道："杰克，很高兴你回来加入我们的行列。"

肯尼迪担任参议员时办公的情形

两三分钟之后，肯尼迪已融入议会的热烈讨论之中了。

1956 年是肯尼迪参议员逐渐受到全国瞩目的时期。

麻萨诸塞州选出的这位参议员在华府政界中渐露头角，不但写的书大受欢迎，且曾应邀前往著名的哈佛大学演讲。许多年长的参议员也因此对这位年轻的新进参议员刮目相看，暗自在想此人将来可能会成为重要的人物。

话虽如此，肯尼迪在政治界的名气还是不能和那些优秀的全国性政治家匹敌，例如当时的艾森豪威尔、史蒂文生、尼克松等都是举国皆知的名人。

可是1956年发生的另一件事，使更多美国人对知名度还不是很高的肯尼迪又加深了一层认识。

这一年正值大选年，共和党推出的是现任总统艾森豪威尔，有意让他连任；民主党属意的候选人跟四年前一样，仍是史蒂文生（后来出任美国驻联合国大使），并在8月份的民主党大会上正式提名。

史蒂文生是一位作风稳健的杰出政治家，肯尼迪始终很支持他。可是被提名为总统候选人的史蒂文生却面临抉择的难题，因为依惯例总统候选人必须找一位竞选伙伴——副总统候选人。

事前有不少人纷纷预测说："属于稳健派的史蒂文生如果获得提名，也许会选择肯尼迪参议员做他的竞选伙伴。"

人们可能因为肯尼迪为史蒂文生奔走不遗余力，甚至比对自己的事还热心，所以有此推测。

肯尼迪自己或许也考虑过这种可能性，至于他对此事的欲望是否很强烈，别人就不得而知了。

不过，肯尼迪的父亲约瑟夫却全力反对他担任副总统候选人，他说："杰克，我认为史蒂文生这次与艾森豪威尔竞选总统胜算不高，更糟的是，到时候人家也许会说：'史蒂文生的失败就是因为选肯尼迪做搭档。'果真如此的话，只怕天主教徒在今后几十年之内都难以成为美国总统。为此，我反对你当副总统候选人。"

可是以苏南生为首的所有肯尼迪的幕僚人员却有不同的看法，他们一致赞成肯尼迪出马，因此早在肯尼迪决定之前，就积极地为他的竞选铺路，到处活动。

宗教问题一向是很敏感的。不过，根据苏南生等人的调查结果，史蒂文生极需天主教徒的票源支持，如果肯尼迪成为他的搭档，则无疑可以吸收这些选票。至于真正支持肯尼迪的民众就更可靠了。

"选民是以性格、人品、政见等作为投票时的判断标准，我就是因为支持肯尼迪参议员的看法才投他的票。"这是坚决拥护肯尼迪的选民们的代表性意见。

然而，对作为总统候选人的史蒂文生来说，物色一个竞选搭档实在是一件很头疼的事情，因为一方面要考虑到对竞选成败的影响，另一方面要跟自己步调一致才行。虽然眼前的志愿者不下十余人，但如何从中选一个最适当的还真不是一件容易的事。

在这许多志愿者中，肯尼迪并不见得最突出，因为其中有像本来就有意于角逐总统候选人党内提名的高拔、经验老到的韩福瑞（后来曾任美国副总统）等等，都同样支持史蒂文生，而且都是全国性的政界知名人物。

站在讲台上的史蒂文生实在拿不定主意，到底该选择哪一个人呢？

过了很久，史蒂文生终于开口说道："我有意打破惯例，不指定副总统候选人，请大家参考这次大会的所有与会人员投票选出。"

此话一出，顿时引起一片骚动，因为这是空前之举，而且从提议到实际投票之间仅有短短的十二个小时。

这天夜里，所有有志于副总统候选人提名的参议员和他的幕僚人员都彻夜不眠，为了拉票而四处游说。肯尼迪和他的助理人员们也不例外。

开票时，肯尼迪和他的助理们一起坐在民主党大会堂隔壁的小房间内，注视着荧光屏上映出的会场情形。

在第一批选票开出时，肯尼迪毫不在乎地躺在床铺上，冷静地观看开票结果。第一回合结束时，肯尼迪紧跟在领先的高拔之后，得票数为第二。

可是第二批选票开出时，肯尼迪一跃而成第一位，这时他正毫不在意地洗完澡，披着浴巾走出来。

他一边注视着荧光屏，一边穿上衣服，这时第三批选票已陆续揭晓，他的选票比上一批又多了30票。

艾森豪威尔宣誓就任美国第 34 任总统

"杰克，恭喜你!"

苏南生兴奋地握住肯尼迪的手，可是肯尼迪却平静地回答："言之过早，还不到最后关头呢。"

开票持续着，突然间，高拔的得票一下子逼近肯尼迪，会场的气氛立刻变得十分紧张。 观众们猛然发出一阵低呼，因为高拔在接近尾声时突然超越肯尼迪而居第一位，这是一次决定性的领先。

肯尼迪看了一眼电视画面，然后转身对他的助理们说："咱们走吧。"

他的口气从容，态度冷静，似乎一点不受这场竞赛的胜负所影响。

肯尼迪领先走进会场，他穿过人群，走上讲台对着麦克风说："我要利用今天这个机会，向全国各地区的民主党选民们表达我由衷的谢意，因为大家对我的关爱令我感到既温暖又高兴，真是太谢谢大家了。"

败下阵来的肯尼迪很有风度地向代表们致意，然后不慌不忙地提议大家为新当选的副总统候选人高拔参议员热烈鼓掌。

当时，全美国有数百万人坐在电视机前看到这一幕，他们眼见即将获胜却功亏一篑败给高拔的肯尼迪以微笑面对失败，同时表现出最佳的政治家风度，这无形中在所有观众内心深植下良好的印象，使他向成为全国性的政治家的道路上又迈出了一大步。

结果，史蒂文生在这一年的大选中再次败给艾森豪威尔。1960 年以前的政坛仍是共和党的天下。

竞选总统

1957 年对肯尼迪而言是双喜临门，其一喜是前面已经提到过的获得普利策传记文学奖；另一喜则是杰奎琳为他生下第一个孩子——女儿卡洛琳。

就在卡洛琳出世后不久，杰克带着他的妻小搬到华盛顿来住，他们正好跟子女众多的罗伯特一家人交换了住所。

华盛顿的这栋屋子并不大，可是杰奎琳却很喜欢，她说："我觉得这是一幢可爱的住宅，尤其适合有小孩的家庭。我们搬来时，卡洛琳才出生三个星期，这个可爱的小窝的楼梯走起来还会响哩。"

杰奎琳常面露笑容地谈起小屋的一切，后来她住进白宫，对这小屋仍难以忘情："我最喜欢回忆住在小屋中的那段日子了。而最叫我感到高兴的是所有来访的客人都能在那儿

初为人父的肯尼迪可谓意满志得

度过愉快的时光，尽兴而返。"

的确，杰奎琳是一位热忱的女主人，她总是亲自下厨款待来访的客人。

另外，她还是一位高雅的主妇，喜欢优雅的室内布置。 相比之下，这个家的男主人过的却是极端活跃的日子。 杰克每天一早起床就先泡在浴缸里，同时将当天的报纸或杂志浏览一遍，然后以最快的速度刮胡子、穿衣服，如此揭开一天的序幕。 通常他还会抽出一点时间跟卡洛琳玩耍，其余的时间则被排得满满的。

肯尼迪的勤奋是人所共知的。 他的充沛精力和进取态度令许多人由衷佩服，曾把他称之为"跑步的青年"。

更有一些比较熟悉他的好友半开玩笑地说："卡洛琳最先学会的词汇是爸爸、飞机、汽车、鞋子、帽子和谢谢、您等，其中前三样都是能动而且速度很快的"东西"。 她真是典型的杰克的小孩！"

肯尼迪的参议员任期到 1958 年底届满，没有人对他的再度出马竞选连任有过怀疑，因为肯尼迪的号召力已经是全国性的了，参议员选举当然不成问题。 事实上，有许多人已经预测他将在 1960 年跻身总统大选的行列。

对此，麻萨诸塞州的共和党领导人真是伤透了脑筋，他们实在不知道该派出哪一位来和肯尼迪抗衡。 最糟的是有些共和党员竟然临阵倒戈，公然支持肯尼迪，而且这种人愈来愈多，这使他的对手不由得不承认肯尼迪事实上已超越党派，引起所有选民的注目，他的魅力令人无法抗拒。

基于这个事实，共和党内没有人有勇气出面与肯尼迪角逐麻州的参议员席位。 不过总不能没有候选人啊，最后，只好由名不见经传的兰姆薛出马来和肯尼迪竞选。

选举的结果如何大家都心里有数，但麻州的选民们仍然对此选举津津乐道。 只不过他们讨论的不是谁胜谁败，而是肯尼迪究竟会领先多少票。

共和党的这位候选人所能攻击肯尼迪的仅有金钱一项。 他一再暗示肯尼迪是以银弹攻势来收买人心，并企图以此赢得选票。

肯尼迪的确在选举上花了不少钱，可是这些钱是他自己的，并非来路不明的不义之财。 再说选民们心里明白，他之所以受欢迎并不是因为他的钱，因此对手的这一招出得并不高明。 其实兰姆薛本人又何尝不明白这张牌出得太差劲，可是除此之外，他毫无其他办法。

选战进入后期，接近投票时，人们纷纷预测两人的得票数目。

"依我看至少会相差 50 万票。"有位肯尼迪的支持者胸有成竹地预言说。

"不！很可能在 60 万票以上。"另一个人更有信心地说。

"根据历次投票统计的记录，本州选举的最大差距是561668票。 这个记录是在 1944 年创下的。"又有人看了一眼手中的资料，大声喧嚷着。

决定性的日子终于来到了，投票结果，肯尼迪共获1362925票，足足比对手兰姆薛多了874608票，远比过去的最高纪录还多了三十几万票。

开票的最后结果传来时，肯尼迪正在他父亲的旅馆套房内，当他知道自己得票的确切数目时，脑中已把总统大选列为最后的奋斗目标了。

下一届总统大选将在 1960 年 10 月 7 日举行，还有整整两年的时间，可是有志角逐总统宝座的人却已经开始活动了。 美国境内几家代表性的民意测验机构已开始预测下届总统候选人的实力，每一项测验的结果都显示肯尼迪的气势最盛，已领先于其他可能的角逐者。

可是肯尼迪能够仅因为民意测验的结果而高枕无忧、稳操胜券吗？ 不，他一点都不敢掉以轻心。 因为选情是变幻莫测的，这只是开头而已，一旦进入白热化，更是瞬息万变，民意测验的结果一点都不可靠。

　　不错，肯尼迪兼有许多其他候选人所没有的优点。他对美国人民有超越党派的魅力，他有智慧、作风稳健、态度客观公正；他做事积极进取，年轻有为。但是，从另一个角度，从某些特定民众的眼光来看，这些优点也可能会变成缺点。

　　就以超越党派这一点来说，许多党性较强的民主党员就认为肯尼迪对党派过于冷淡，表现的态度太暧昧。

　　不仅激进的党员们认为肯尼迪对于民主党不够忠诚，即使是保守派的党员也有不少人有同样的看法。

　　而当时的一些当政者也不见得认同渊博好学的肯尼迪，因为在他们眼中的肯尼迪太过现实了。他们认为肯尼迪是政治舞台上的政客，不是能和知识分子心灵相遇、谈天说地的睿智之士。可是现实派的政治家们又有他们不如肯尼迪的地方。

　　另外，有人认为肯尼迪太年轻，没有入阁的从政经验，也没有出任过州长，只有区区几年的参议员资历，可以说根本没有经历过大场面，又怎么能在世局如此复杂的时代肩负起总统的大任呢？美国人又怎么能如此贸然地将政府交付在这样的一位青年手中呢？

　　总之，虽然支持肯尼迪的喝彩声来自四面八方，但反对他的声音也此起彼落。可是从各种调查及当时的情况看来，多数美国人仍然对这位杰出的青年政治家寄予厚望，希望他的领导能带给美国甚至全世界一番新的气象。或许，肯尼迪真有一种难以用常理来解说的个人魅力吧！

　　平心而论，肯尼迪也许真的不太热衷于党内事务，因为他并不需要依靠民主党，他的选票不是经由民主党的力量争取的。一旦竞选活动开始，他也不需要依赖民主党的力量，他有自己的助选团体。肯尼迪固然爱自己的民主党，可是另一方面他也不客气地对民主党的一些做法提出批评的意见。

　　再就是立场的问题，肯尼迪不需要以某种明确的主张来争取某些特定的对象，就像贴上标签似的，他最恨这种做法。因为他不喜欢被硬性地划归为激进派或保守派，他觉得那太公式化而且缺乏个性和弹性。

固然在近几年来肯尼迪的激进倾向愈来愈明显，很多事情他都征求激进派人士的意见，例如公民权问题、社会保险问题、提高最低所得工资以及许许多多其他问题，肯尼迪总是支持比较具有激进观念的提案。

可是他又不失稳健、踏实的一贯作风，这可以从他的演讲词或公开谈话中看出来。例如，他常说："不到真正必要时刻，不可轻言改变。""在确实明白一堵围墙之所以被建成的真正理由之前，不可随便拆除这堵围墙。""也许油漆已略见斑驳的痕迹，但这是长时期一层层漆上去的，怎么可以任意破坏呢？"

肯尼迪是哈佛大学毕业的知识分子，对读书的兴趣远胜于社交应酬。他最喜欢读历史及传记；不大喝酒或抽烟；对衣着不关心，常常随手把东西一丢，过后就忘得一干二净。他这些小地方始终和年轻时一样，丝毫未变。

不过，肯尼迪绝不是一位躲在象牙塔内不切实际的空想家，因为他的智慧不是哲学家、思想家那一类型，而是即知即行的实用派学者，连他的庞大智囊团，也都是一些活力充沛的行动派人物。

说肯尼迪年纪轻、经验少也许是事实，可是他有过人的精力，处事积极，又有才干，为人率直诚恳，这些优点往往可以弥补他经验的不足。

眼看大选的日子一天天临近了，经历了数次选战的肯尼迪一家不仅愈来愈有经验，而且也因此越发团结了。这一次，连老幺爱德华也加入助选的行列。肯尼迪家的女儿都已出嫁，但这并不意味着人手减少，相反，肯尼迪家的女婿们全都是新加入进来的生力军。

杰克的好友们更是义不容辞地竭力帮助他，像里斯、利普及托比等都站在选战第一线上卖力地为他效劳。

尤其不可忽视的是肯尼迪在海军服役时的那一批战友们。

由于费伊的鼓动，琼斯和罗斯也前来助阵，至于马克亚和基塔基则分别在他们自己住的地方成立了"支持肯尼迪的市民会议"。 在加州的马克曼由于受到公务员不得参与助选的限制，还着实懊恼了好一阵子。

肯尼迪和他的助理们马不停蹄地在各州、各城市展开竞选的活动，有时候召开记者会，有时候在电视上出现。 在这类公开场合中，他经常被问到的是：

"你对麦卡锡主义有何看法？"

"你认为天主教的总统候选人有可能获胜吗？"

在竞选总统时的肯尼迪

麦卡锡主义在当时事实上已经是历史名词，很少有人讨论这个问题了。 可是在选举中又勾起一些激进派人士的回忆，并以此为话题，再三地谈论着，其中最具代表性的就是前总统罗斯福的未亡夫人艾莉·罗斯福。

每当有人问及这个问题时，肯尼迪总是回答说："麦卡锡主义一度成为举国的热门话题，大家都曾经讨论了很多，当时我正住院开刀，有九个月不曾在参议院工作，不过我认为，当时给予麦卡锡的谴责（对政治家最轻的处分）是十分恰当的。"

换言之，肯尼迪对麦卡锡的事总是点到为止，不愿多发表意见。 在事情刚开始时，肯尼迪就不曾对麦卡锡提出较强烈的批评，其后一则由于本身的疾病，再则麦卡锡参议员在不久之后抑郁而终，虽然事过境迁，但是肯尼迪仍不愿改变态度批评他，因为这是不光明的。

尤其令许多人认真考虑的是有关宗教的问题。在东方人的观念中，候选人的宗教信仰绝对不会构成问题，他们对西方人的想法感到不可思议。可是就美国选民来说，宗教信仰却很重要，只要回顾美国近两百年的历史就可以知道，从没有一位美国总统是天主教徒。在肯尼迪之前三十多年里，曾有一位天主教徒成为总统候选人，结果是不出所料地惨败。

人们究竟为什么会有这种根深蒂固的偏见呢？认真说起来原因十分复杂，这可以从历史上、社会上及宗教本身等不同的角度来探讨。正由于是多方面的原因，因此要解决也就不简单。更由于偏见是普遍性的，想在短期内化解几乎不可能，因为人总是有一种共同的弱点，就是批评别人的偏见容易，可是一旦自己成为其中之一，则会不自觉地成为偏见的奴隶。

肯尼迪对此问题毫不回避地力加澄清，以化解选民们的疑虑。他说："遵守宪法是每一位国民的义务，而且是绝对的义务。至于宗教信仰则是私人的问题，例如每个星期天我有自由决定到任何一个教堂去做礼拜，可是这种自由绝不致影响到尽我做一个美国公民的义务。要知道，宗教与政治是完全不相干的两回事。"

然后，他又加上一句："目前的美国人比起三十多年前，知识水平已经大为提高，对宗教问题的态度也更客观、更宽容了。"

言下之意就是说，如果此次大选中，身为天主教徒的他能脱颖而出，则无异于证明美国人的民智已开，对宗教已有比较公正、宽容的态度了。

肯尼迪四处为大选活动拉

怀有身孕的杰奎琳仍在为丈夫助选

选票时，乘坐的是一架名为"维克多号"的专机。 大家或许对这个名字感到似曾相识，原来杰克少年时最喜欢玩的那艘游艇就叫"维克多号"。 "维克多"意指胜利，肯尼迪就利用这架飞机一步步向胜利之途迈进。

杰奎琳有时也参加竞选的活动，随着丈夫到处旅行演说。

"看哪！好漂亮的夫人！"

"你瞧，这位夫人真会打扮！"

妇女们的目光难免被杰奎琳入时高雅的服饰所吸引。 肯尼迪夫妇所到之处莫不人潮汹涌，人人都想一睹他们的风采。 开始时，杰奎琳面对一大群蜂拥而至的民众，往往感到手足无措，站在人群中进退失措，每次都因站得太久双脚酸疼不已。

"如果不是为了杰克，我实在无法忍受这种场面。"

原本内向的杰奎琳在内心中这么想着。 可是到处都是同样的情况，日子一久，也就逐渐习惯了，觉得这是大选中的正常现象。

许多记者们和助选人员还常说："肯尼迪夫人是竞选活动中不可或缺的人物。"

1960 年民主党提名大会终于来临了，会址设在洛杉矶。

肯尼迪果然锐不可当，不但打败了韩福瑞参议员（后来的副总统），还击败了强敌史蒂文生及民主党参议院的总务莱敦·詹森。

刚被提名为总统候选人的肯尼迪，立刻邀请曾是他竞选对手的詹森担任副总统候选人。

以政坛上的经验来说，詹森是肯尼迪的前辈，也一直是民主党内的一员大将。 对于肯尼迪的邀请，詹森倒是很爽快地一口答应了。 有了老练的詹森的协助，杰克可谓是如虎添翼。

接着，肯尼迪又发表演说，他以那种惯有的波士顿口音及伶俐的口才说道："我所要求于所有国民的是大家肯于牺牲，而不是由我提供安乐。"

刚被民主党提名为总统候选人，就毫不客气地希望国民们肯

肯尼迪正在发表竞选演说

牺牲，而不是说些讨好的允诺，由此可看出他的必胜的信心及坚定的决心。

这时候，在华盛顿也有另一位青年政治家正在一步步迈向他的目标，同时也充满了高昂的斗志，他就是被提名为共和党总统候选人的理查德·尼克松。

"看来这次的大选很有一拼呢。"

"可不是嘛！肯尼迪和尼克松，你认为哪一个的胜算较大？"

"现在谈这个还言之过早，不过我个人比较倾向于肯尼迪。你别误会，我可不是民主党员，我只是喜欢肯尼迪，所以希望他获胜。"

"你也别小看了尼克松，他可是一个相当能干的后起之秀。总之，可以预见的是，这必将是一场相当激烈的竞争。"

所有美国人都对这次大选非常关心。

选战愈到后来愈激烈，最吸引大家的是肯尼迪与尼克松在电视上的一场辩论。这次在电视上的一对一的决斗，肯尼迪占了上风。

电视在当时已经是普及每一个家庭的大众传播工具，拥有无数的观众，而肯尼迪在荧光屏前的表现既热情又沉着，他口若悬河般地侃侃而谈，给大家留下了非常好的印象。所以说，接受电视辩论的提议可以说是尼克松的失算。

就在投票的几天前，又发生了另一件事。

美国黑人运动的领袖马丁·路德·金博士因为一件小小的交通违规事件，竟被亚特兰大州的警员抓起来关在牢里。

得悉此消息的肯尼迪立刻打长途电话慰问马丁·路德·金夫人，同时又命弟弟罗伯特·肯尼迪与亚特兰大的法官联系，将他本人对马丁·路德·金博士及黑人运动的强烈关心与同情转告给对方。

另一方面，尼克松唯恐此事会引起共和党主要地盘的南部各州反感，因此，对这件事始终保持沉默，不敢发表任何意见。

可是就因为马丁·路德·金博士这一事件，肯尼迪获得许多黑人的选票。

当选战到达最高潮时，每天的活动行程排得满满的，一天几乎只有两三个小时可以休息，可是肯尼迪不感到疲惫，依旧精神饱满。 他还充满信心地对选民们表示：他将本着美国选民们拓荒的精神，坚毅地克服美国当前所面临的困难。

早期移民美国的人砍伐原始森林，开拓荒野，就是秉持着一股坚韧不拔的精神。 肯尼迪呼吁所有美国人再度发挥祖先们的这种精神，以使国家渡过难关。

他的热诚感动了所有国民，他的号召几乎形成了一股狂热。

10月7日是投票的日子，大约有7000万美国人在这天投下了神圣的一票。

杰克以及所有肯尼迪家的人一早就进行总动员前去投票，然后再度回到家中会合。 当投票结束时，电视机、收音机就开始播报各区投票的情形。

这天晚上，几乎所有美国人都坐在电视机前注视着这场大选结果的揭晓。

杰克也和家人

肯尼迪和尼克松角逐总统，在电视上公开辩论

肯尼迪

一起坐在电视机前，他身着运动衫和长裤，神态自若，一点也看不出等待的焦躁。

陆续开出的各选区选票，时而尼克松领先，时而肯尼迪超前，双方互有起伏，形成了拉锯战。

肯尼迪和夫人在竞选车上

已经是夜半时分了，不仅是所有肯尼迪家的人，大部分的美国人都还舍不得上床，大家都想尽快知道到底谁是下一任总统。

黎明时分，开票已近尾声，尼克松占了优势，电视上出现了尼克松选举事务所内的情形，但见人头攒动，有许多人在鼓掌，然后是尼克松夫妇出现在荧光屏上。

"这个家伙看起来也很疲惫了！"杰克凝视着荧光屏上的竞争对手，突然冒出这么一句话。

杰奎琳看了他一眼，随即很体恤地说："你还是去躺下来休息一会儿吧。"

"应该去休息的是你，这几天也真够你累的，我想出去走一走。"

杰克一边说着，一边随手抓了一件外套披在身上，推门走了出去。这时天快亮了，东方已经泛白，肯尼迪把手插在外衣口袋中，在庭院里的小径上慢慢走着，就像他小时候的习惯一样，一直向池塘边走去。

虽然肯尼迪始终很有信心，可是谁也无法对选举获胜有百分之百的把握。此时的肯尼迪心想：既然已经尽了全力，胜败又

非我所能决定，现在该是我恢复平静的时候了。

　　各种传播工具仍然陆续报道着开票结果，一直到隔天上午
10 时才结束，统计的结果竟然是肯尼迪超前，尼克松败北。 于
是约翰·肯尼迪成为了美国第 35 任总统。

肯尼迪

永远的火炬

　　美国同胞们，不要问国家能为你们做些什么，而要问你们能为国家做些什么。全世界的公民们，不要问美国将为你们做些什么，而要问我们共同能为全人类的自由做些什么。

——肯尼迪

宣誓就职大典

1961 年 1 月 19 日是肯尼迪总统就职典礼的前夕。华盛顿的大街小巷都已经打扫得干干净净，而且做好了各项准备工作。虽然时值寒冬，但四处都铺上一层绿油油的人工草坪。

所有担任筹备工作的人员看到一片绿色草坪与白色的国会山辉映成趣，精神都为之一振。可是再抬头看看天空，又不禁皱起眉头。

从这天的中午开始，雪就下个不停，真是让人担心！

傍晚时分，雪已经积得相当厚了，而且雪下得愈来愈大，这是近几十年来罕见的一场大风雪。

许多道路的交通都已经中断了，就职大典的筹备人员无不忧心忡忡。

"只怕明天的就职典礼就要因为这场大风雪而延期举行了。"

当天傍晚，风雪之势不但未见缓和，反而愈来愈强劲。

依照传统，在就职典礼的前夕，华盛顿照例有各类活动，如

肯尼迪当选总统时游行街市
（右为其夫人杰奎琳）

盛大的酒会、音乐会等。这次当然也不例外，可是想在这天晚上出席这些活动还真不容易！

杰克偕同杰奎琳在这天晚上曾出席了好几处酒会，可是最后仍然有两个地方的庆祝会无法前往参加。

其中的一个庆祝会就是他在PT—109艇时的老部下为他所举行的，为此，杰克不禁对这种天气感到十分懊恼。

当天晚上的压轴戏是一场盛大的就职庆祝音乐会，可是由于天气太恶劣，到场的听众人数只有三分之一，而交响乐团的一百位团员中，有六十位无法及时赶到会场。由此可见那天天气的恶劣程度。

翌日，即1月20日的早上，华盛顿的市民们翘首望天，只见一朵朵的小白云浮在蔚蓝的晴空中，大家这才安下心来。

由于昨天的那场大风雪，地上的积雪高达30厘米，风仍然很大，气温在零度以下。虽然寒风刺骨，但一个新政权将在这一天接掌政府的事实并未改变，不过这样的气候是否预示新总统即将面临的将是一项艰巨的任务呢！

肯尼迪在取得选举胜利后，与
艾森豪威尔总统在一起。

一大早，肯尼迪与杰奎琳就到附近的教堂做弥撒，然后又到白宫拜访艾森豪威尔总统夫妇，四人一起喝咖啡。几个小时之后，喝咖啡的这四个人的主客位置就要互易了。此时，他们的内心是否有许多感触呢？

就职典礼预定在中午举行，但国会山前的广场上很早就挤满了观礼的特别来宾和国民，人山人海，几乎连站立的空隙都没有了。

　　12 点 13 分，肯尼迪走到台上，在艾森豪威尔总统的旁边坐下来。 他们两人都穿上了正式的礼服，戴着大礼帽，十分庄重而有威仪。

　　在演奏完《美丽的国家——美利坚》这首曲子之后，黑人女歌唱家玛丽亚·安德逊以洪亮庄严的歌喉唱出《星条旗》（美国的国歌），她的歌声感动了在场的每一个人。

　　接下来由波士顿的卡欣枢机主教为新任总统做了一次很长的祈祷。 这位枢机主教是肯尼迪家的密友，杰克和杰奎琳的婚礼就是由他主持的。

　　然后是副总统莱敦·詹森的宣誓仪式。

　　再下面的一个节目是由美国当代最著名诗人之一罗勃·佛斯特为新总统朗诵一首他自己创作的诗。

　　这位诗人已经是 86 岁高龄了，他手拿诗稿走上讲台，强烈的寒风吹散了他银白色的头发。

肯尼迪和副总统詹森

他注视手中的诗稿良久，可是始终没有开口。 原来由于地上的积雪，再加上阳光照在白色的国会山形成的强烈反光极为刺眼，以致老诗人在此重要关头却一个字也看不见。

　　更糟的是不识趣的风又猛刮着，老人手中的诗稿几乎要拿不住了，坐在一旁的副总统莱敦·詹森赶忙摘下自己的帽子去替老人挡风。

　　每个人的注意力都集中在这位老诗人身上，会场上一片寂静。 最后，他终于朝着麦克风开始说："现在，我首先把诗的序文对大家朗诵一遍，然后才是诗的内容。"

　　至此大家总算为老诗人松了一只气，静下心来聆听他的

朗诵。

就职典礼的压轴戏——新任总统的宣誓放在了最后。

肯尼迪先脱下大衣和礼帽，然后走到宣誓台前，面对最高法院的法官举起右手，左手则放在《圣经》上，以洪亮的声音随着法官念道："我，约翰·菲茨杰拉德·肯尼迪庄严地发誓……我将忠实履行美国总统的职务……就职宣言。"

宣誓结束，肯尼迪就正式成为美国第 35 任总统，同时也是美国历年来最年轻的总统（在 42 岁时由副总统升任总统的谢尔德·罗斯福例外），也是美国有史以来第一位天主教徒总统。

宣誓之后，新总统依例要发表就职演说。

肯尼迪现在所站的地点，正是林肯当年对美国人民解说国家统一的地方，也是罗斯福说出"我们害怕的是恐惧的本身"这句名言的讲台上。

肯尼迪当选总统时发表就职演说

站在这儿，肯尼迪对所有的观众，不，事实上是对全体美国人，乃至于全世界的人，发表了他那著名的就职演说：

"各位亲爱的人民，今天，我们绝不可忘记自己是最初发起革命的那些人的继承者，在此，我要对我们的朋友以及我们的敌人宣布：火炬已经传到新一代的美国国民手中，这一代出生在本世纪，曾受过战争的洗礼，曾经为了和平而受到考验。我们秉承了祖先的遗产，不论在国内外，竭诚为拥护人权而奋斗。"

肯尼迪又对以苏联为首的共产主义阵营说道：

"我们除了为自己的问题思考之外，更不要忘了寻求使彼此团结的途径。"

他进一步提出更具体的建议：

"应该为了探索科学的精神而合作，同时要超越因科学发达所带给人类的威胁。我建议让我们共同来探索太空、征服沙漠、开发海洋深处并鼓励艺术与商业。"

然后，这位新总统也对美国人民提出要求：

"不要问国家能为你们做些什么，而要问你们能为国家做些什么。"

他也以同样的话来要求全世界的人：

"全球的同胞们，不要问美国能为你做些什么，而要问我们在一起能共同为全人类的自由做些什么。"

听到这篇演讲词的人们，莫不对这位年轻总统的伟大思想肃然起敬，同时内心也深深地受到感动。

★★★★★★★
资料链接
★★★★★★★

肯尼迪总统就职演说

我们今天庆祝的并不是一次政党的胜利，而是一次自由的庆典；它象征着结束，也象征着开始；意味着更新，也意味着变革。因为我已在你们和全能的上帝面前，作了跟我们祖先将近一又四分之三世纪以前所拟定的相同的庄严誓言。

现今世界已经很不同了，因为人在自己血肉之躯的手中握有足以消灭一切形式的人类贫困和一切形式的人类生命的力量。可是我们祖先奋斗不息所维护的革命信念，在世界各地仍处于争论之中。那信念就是注定人权并非来自政府的慷慨施与，而是上帝所赐。

我们今天不敢忘记我们是那第一次革命的继承人，让我从此时此地告诉我们的朋友，并且也告诉我们的敌人，这支火炬已传交新一代的美国人，他们出生在本世纪，经历过战争的锻炼，受过严酷而艰苦的和平的熏陶，以我们的古代传统自豪，而且不愿目睹或容许人权逐步被掠夺。对于这些人权我国一向坚奉不移，当前在国内和全世界我们也是对此力加维护的。

让每一个国家知道，不管它盼望我们好或盼望我们坏，我们将付出任何代价，忍受任何重负，克服任何艰辛，支持任何朋友，反对任何敌人，以确保自由的存在与实现。

这是我们矢志不移的事业——而且还不止于此。

对于那些和我们拥有共同文化和精神传统的老盟邦，我们保证以挚友之诚相待。只要团结，则在许多合作事业中几乎没有什么是办不到的。倘若分裂，我们则无可作为，因为我们在意见分歧、各行其是的情况下，是不敢应付强大挑战的。

对于那些我们欢迎其参与自由国家行列的新国家，我们要提出保证，绝不让一种形式的殖民统治消失后，却代之以另一种远为残酷的暴政。我们不能老是期望他们会支持我们的观点，但我们却一直希望他们能坚决维护他们自身的自由……在过去，那些愚蠢得要骑在虎背上以壮声势的人，结果却被老虎所吞噬。

对于那些住在布满半个地球的茅舍和乡村中、力求打破普遍贫困的桎梏的人们，我们保证尽最大努力助其自救，不管需要多长时间。这并非因为共产党会那样做，也不是由于我们要求他们的选票，而是由于那样做是正确的。自由社会若不能帮助众多的穷人，也就不能保全那些少数的富人。

对于我国边界以外的各姐妹共和国，我们提出一项特殊的保证：要把我们的美好诺言化作善行，在争取进步的新联盟中援助自由人和自由政府来摆脱贫困的枷锁。但这种为实现本身愿望而进行的和平革命不应成为不怀好意的国家的俎上肉。让我们所有的邻邦都知道，我们将与他们联合抵御对美洲任何地区的侵略或颠覆。让其他国家都知道，西半球的事西半球自己会管。

至于联合国这个各主权国家的世界性议会，在今天这个战争工具的发展速度超过和平工具的时代中，它是我们最后的、最美好的希望。我们愿重申我们的支持诺言；不让它变成仅供谩骂的讲坛，加强其对于新国弱国的保护，并扩大其权力所能运用的领域。

最后，对于那些与我们为敌的国家，我们所要提供的不是保证，而是要求：双方重新着手寻求和平，不要等到科学所释放出的危险破坏力量在有意或无意中使全人类沦于自我毁灭。

我们不敢以示弱去诱惑他们。因为只有当我们的武力无可置疑地壮大时，我们才能毫无疑问地确信永远不会使用武力。

可是这两个强有力的国家集团，谁也不能对当前的趋势放心——双方都因现代武器的代价而感到不胜负担，双方都对于致命的原子力量不断发展而产生应有的惊骇，可是双方都在竞谋改变那不稳定的恐怖均衡，而此种均衡却可以暂时阻止人类最后从事战争。

因此让我们重新开始，双方都应记住，谦恭并非懦弱的征象，而诚意则永远须要验证。让我们永不因畏惧而谈判；但让我们永不要畏惧谈判。

让双方探究能使我们团结在一起的是什么问题，而不要虚耗心力于使我们分裂的问题。

让双方首次制订有关视察和管制武器的真诚而确切的建议，并且把那足以毁灭其他国家的漫无限制的力量置于所有国家的绝对管制之下。

让双方都谋求激发科学的神奇力量而不是科学的恐怖因素。让我们联合起来去探索星球，治理沙漠，消除疾病，开发海洋深处并鼓励艺术和商务。

让双方携手在世界各个角落遵循以赛亚的命令，去"卸下沉重的负担……(并)让被压迫者得自由"。

如果建立合作的滩头堡能够遏制重重猜疑，那么，让双方联合作一次新的努力吧，这不是追求新的权力均衡，而是建立一个新的法治世界。在那世界上强者公正，弱者安全，和平在握。

凡此种种不会在最初的一百天中完成，不会在最初的一千天中完成，不会在本届政府任期中完成，甚或也不能在我们活在地球上的毕生期间完成。但让我们开始。

同胞们，我们事业的最后成效，主要不是掌握在我手里，而是操在你们手中。自从我国建立以来，每一代的美国人都曾应召以验证其对国家的忠诚。响应此项召唤而服军役的美国青年人的陵墓遍布全球各地。

现在那号角又再度召唤我们——不是号召我们拿起武器，虽然武器是我们所需要的；不是号召我们去作战，虽然我们准备应战。那是号召我们年复一年肩负起持久和胜败未分的斗争，"在希望中欢乐，在患

肯尼迪

难中忍耐"；这是一场对抗人类公敌——暴政、贫困、疾病以及战争本身的斗争。

我们能否结成一个遍及东西南北的全球性伟大联盟来对付这些敌人，来确保全人类享有更为富裕的生活？你们是否愿意参与这历史性的努力？

在世界的悠久历史中，只有很少几个世代的人赋有这种在自由遭遇最大危机时保卫自由的任务。我决不在这责任之前退缩；我欢迎它。我不相信我们中间会有人愿意跟别人及别的世代交换地位。我们在这场努力中所献出的精力、信念与虔诚，将照亮我们的国家以及所有为国家服务的人，而从这一火焰所聚出的光辉必能照亮全世界。

所以，美国同胞们：不要问国家能为你们做些什么，而要问你们能为国家做些什么。

全世界的公民们：不要问美国能为你们做些什么，而要问我们共同能为全人类的自由做些什么。

最后，不管你是美国的公民或世界的公民，请将我们所要求于你们的有关力量与牺牲的高标准拿来要求我们。我们唯一可靠的报酬是问心无愧，我们行为的最后裁判者是历史。让我们向前引导我们所挚爱的国土，企求上帝的保佑与扶携，但我们知道，在这个世界上，上帝的任务肯定就是我们自己所应肩负的任务。

紧接着就职典礼之后，就是大家最感兴趣的阅兵式。

肯尼迪总统先简单地吃过午餐，然后坐在观赏阅兵的特别席位上。阅兵所经过的马路上，积雪早已连夜被清除干净了。道路两旁站满了争看阅兵的观众，大家都怀着兴奋的心情等待阅兵式的开始。

肯尼迪巡阅美国陆军装甲部队

肯尼迪
Kennidi

阅兵式进行了很长时间，既有导弹等最新式的武器出现，也有非洲土著最原始的武器，显然大家都为了庆祝新总统的就职而各显神通，尽出风头。

　　肯尼迪总统显然对头上的那顶礼帽不太习惯，不时举起手来摸摸头部，他本来就最不喜欢戴帽子，当然更不会对这个硬邦邦的礼帽有好感了。

　　他的弟弟罗伯特看在眼里，觉得很有趣，凑上前去戏谑地轻呼哥哥为"总统先生"，肯尼迪总统似乎有点不好意思地对他笑了笑。

　　另外值得一提的是，PT—109艇的船员们也参加了这个阅兵式。

　　事隔18年之后，1961年1月20日是PT—109艇所有成员们值得纪念的日子，因为他们的艇长已经是美国总统了，这可不是每个人都能遇到的事！

　　前一天晚上由于大风雪，肯尼迪不能出席他们所举行的庆祝酒会，他们当然感到很遗憾，但能够参加如此盛大的阅兵式，已足以弥补那些缺憾了。

　　有一位PT—109艇的船员坐在一艘模型船上，这模型就跟18年前在南太洋沉没的那艘PT—109鱼雷艇一模一样。

　　当坐在船上的八位老部下经过阅兵台时，肯尼迪总统格外卖力地挥手，向他们频频致意。

竞选成功后和家人在一起庆祝

　　这几位是马克亚、毛亚、罗斯、金查、艾伯特、哈里斯、马克曼及基塔基。

　　虽然还有几个人不曾出现在这个典礼上，但相信他们此时一定都会坐在电视机前观看这一盛况吧。

肯尼迪

最令人遗憾的是汤姆少尉在第二次世界大战之后不久，就因交通事故去世了。

过去曾经并肩作战，同生死、共患难的战友，今日在这样的场合重逢，难怪肯尼迪格外开心了。

就任总统以后，肯尼迪就带着一家大小搬出住了数年的那幢三层红砖楼房，住进了白宫。

这一家人除肯尼迪外，包括 31 岁的第一夫人杰奎琳、三岁的卡洛琳和前一年 11 月才出生的约翰。卡洛琳钟爱的小狗和小猫也跟着住进了白宫。

过去的白宫，除了圣诞节外，平时是看不到小孩的，可是现在却常常可以看到这些孩子们在追逐嬉戏。

肯尼迪与妻女

杰奎琳常常为这一对小儿女担心，因为报纸、杂志每每喜欢以这两位小姐弟为报道题材，这种事对大人也许还无所谓，可是对小孩的影响是好是坏就很难讲了。

像下列的这种情况就常发生。

卡洛琳生日的前一天，她的父亲带她上教堂，奇怪的是这消息不胫而走，当他们抵达教堂时，早有许多新闻记者和摄影记者在那儿等候了。

"卡洛琳，请把脸朝这边。"

"卡洛琳乖，看这儿。"

每个人都要卡洛琳看他那边，结果使幼小的卡洛琳无所适从，感到很紧张。进入教堂以后，卡洛琳很不安分，一会儿用脚践踏地板，一会儿任意钻进坐椅下，使得一旁的总统父亲十分为难。

约翰的出生也是热门新闻。因为在肯尼迪当选总统之后，所有他家的大小事情都成了报纸、杂志报道的题材。而小约翰的出世正值大选前后,所以传播媒介莫不以大篇幅来报道这一喜讯。有一位小学女教师还特地为他写了如下的一首诗:

肯尼迪夫妇怀抱着
刚出生几周的小约翰

可爱的约翰·肯尼迪
你是大家关心的焦点
你的诞生
受到所有人衷心的祝贺

当肯尼迪前往医院探视这位刚出世的儿子时,新闻记者们将他团团围住,有人问说:"这小孩像谁呢?"

肯尼迪笑着答道:"现在还不知道,等知道之后我一定告诉你们。"

原来这事还有一段插曲。 当卡洛琳出生时,杰奎琳的母亲认为外孙女长得很像杰奎琳,可是肯尼迪的父亲约瑟夫却有不同的意见。

等到约瑟夫走了以后,肯尼迪才对记者们说:"我女儿的相貌问题终于有了结论,她长得很像我的父亲约瑟夫。"

"是吗? 这个结论是谁下的?"有位记者似乎不太满意这个结论,接着追问着。

"这个嘛,是我父亲的意见。"

当然,白宫从前也住过小孩,例如艾森豪威尔的孙子和罗斯福的儿女们,可是他们都比卡洛琳和小约翰大得多,所以也比较安静。

处在这种严肃的环境中,杰奎琳希望能把孩子教养好。 她常说:"如果不能好好地栽培、教育儿女,那么即使其他每一样事情都很成功也没有用。"

美国总统是整个美国,甚至可以说是全世界最忙碌的一个人，因此孩子们想常常在父亲身边玩耍是不可能的。 为此，杰奎琳认为自己应该身兼父职，给孩子双倍的时间来陪伴他们。

"我们最大的喜悦就是全家人相处在一起的时光。"

相信这是杰奎琳发自内心的一句话。

杰奎琳擅长画画，因此她常为孩子们画图。 例如说故事时，她就会根据故事情节画一些生动的图片；或者先画好图，然后看图说故事。

肯尼迪夫人和约翰

"卡洛琳，有一天汤姆……"

汤姆就是卡洛琳所喜欢的小猫的名字，母亲画下了小猫，然后一边指着图，一边为卡洛琳讲故事。

肯尼迪虽然公事很忙，可是一有时间就喜欢跟孩子们玩在一起，他总是用两手把孩子高高举起，逗得他们呵呵笑；有时一家人到沙滩上追逐玩耍，这时是孩子们最高兴的时候，他们又跳又叫，犹如出笼的小鸟一般。

刚搬到白宫时，小约翰才两三个月大，可是很快地他已经可以学走路了。 又过不久，他就能跟姐姐一样在白宫上下到处跑了。 这个小家伙最感兴趣的是父亲的办公室，尤其是那张摆了不少书的桌子，这

刚搬进白宫时的小约翰

肯尼迪夫妇与一双儿女——
卡洛琳和小约翰

张桌子是以南美产的檀木制成的。在这个桌子上压着孩子们的照片以及肯尼迪的重要纪念品等。

8点45分，这是卡洛琳上学的时间。虽然名之为学校，其实只是一间设在白宫内的教室。

除了卡洛琳以外，另有九位小朋友，一共是十位学生。"学校"的费用就由这十位学生的家长们平均分摊。

老师是一位脸圆圆的年轻太太，名叫葛莱·摩斯。

"葛莱小姐，早安。"

小朋友每天早上都很有礼貌地向老师道一声早安，同时一一跟老师握手。开始上一小时左右的课之后，孩子们就要吃饼干或果汁等点心、饮料，然后休息一下。如果是好天气，老师就让他们到室外的草地上去游玩。

这天，孩子们正开心地在草地上玩时，忽听到"啪！啪！啪！"三声拍掌声，孩子们不约而同地抬头望着声音的来源，同时心里都知道这一定是卡洛琳的父亲，因为他每次出现时总是拍三下手。

果然不错，卡洛琳的父亲——肯尼迪总统出现在门口，正朝着这边微笑着。孩子们于是齐拥到他身边，肯尼迪便弯下腰来跟孩子们聊天。

肯尼迪办公室的桌子对面是壁炉，壁炉旁边是肯尼迪最喜欢的大摇椅，他常躺在摇椅上看书或看公文。

153 ....

因为肯尼迪最常待的地方是办公室，因此小约翰经常有事没事就钻到办公桌下，或摸摸父亲的膝盖，或拍拍他的鞋子，似乎这些都是很有趣的玩具一般。

只要一有空，肯尼迪就会陪儿子玩。有时卡洛琳也会跑进来，这时肯尼迪就拍着手，要姐弟俩跳舞。

"哎呀，爸爸你看，弟弟跳得好滑稽！"

身为姐姐的卡洛琳比弟弟大了三岁，就摆出一副老大的姿态，还会煞有介事地批评弟弟。

"好，太好了。约翰，就这么跳！"

顽皮的约翰在肯尼迪的办公室里玩耍

一旁的父亲总是助兴地鼓励着他们。

杰奎琳很细心地照顾着子女，常见她在子女身边跟进跟出。每次人家问小约翰："你的父亲是做什么的？"他总是很快回答："总统！"——虽然他根本不晓得总统是什么意思。

对孩子们而言，父亲是听他们说话的人，是把他们高高举起的人，是有时在直升机上对他们挥手的人，也是有时会带他们乘坐飞机的人。

孩子们一早起床，洗脸刷牙之后的第一件事就是去向父亲问安。

肯尼迪每次听到孩子们的脚步声——他们总是以细碎的小跑步声，气喘吁吁地跑来——就放下正在喝的咖啡，手上的公文包也暂时搁在一边，很高兴地迎接着孩子们。

"爸爸早安！"

小约翰总是抢在姐姐之前扑进父亲的怀中，好在做姐姐的很懂得礼让。

有一次，卡洛琳手中拿着一张写了字的纸进来。

"爸爸，这是我写的。"

"真的呀？让我看看。"

肯尼迪接过来一看，原来是女儿以斗大的字母拼出自己的名字"卡洛琳"，连续写了好几次。

"噢！卡洛琳，这真的是你自己写的吗？"

肯尼迪故意一字一

肯尼迪和女儿

顿地问，好像真的很惊喜的样子。

卡洛琳用力地点了点头，她好不得意。

"太好了，卡洛琳，你写得太好了。"肯尼迪吻了吻卡洛琳以示奖励。

"这是我的宝物箱。"小约翰不甘示弱，也献宝似地拿出一个绒布包的小箱子。

"你们不觉得冷吗？"

"一点都不冷。"

孩子们活泼地大声回答。

"是吗？你们都很强壮。 等一会儿可能会下雪，这一片草坪都会变成白色，到时候你们可以滚雪球、打雪仗了，还可以堆大雪人。"

孩子们都睁大了眼睛聆听父亲的描述。

白宫的二楼是总统私人的住处。 没有客人时，总统一家人都在二楼愉快地用餐或看电视。

这儿也是杰奎琳可以完全依照自己的意思布置的地方。 当然，白宫女主人的高雅趣味已经显示在白宫的许多地方，但其中

最具味道、最吸引人的，还是要属白宫二楼总统的私人住所。这个居处经过杰奎琳精心布置，既舒适又美观优雅。

下班之后的肯尼迪不再是美国总统，只是孩子们的父亲和杰奎琳的丈夫，这是一家人最欢愉的时刻。不过杰奎琳和孩子们唯一的不满就是肯尼迪的工作太忙，这种快乐的夜晚太少了。

肯尼迪的一位朋友曾经说："杰克搬到白宫以后更具家庭观念了。"

白宫内肯尼迪夫人布置的卧室

由此可见肯尼迪当了总统之后，并没有忽视家庭生活的情趣。

肯尼迪总统有一副可亲的笑容，而卡洛琳和小约翰都继承了父亲的这一特点。

古巴导弹危机

美国总统绝不是一位装饰用的闲人，他可以算是世界上担负着最重要责任的人了。

在当时，全世界能下令使用原子弹的只有两个人：一位是美国总统；另一位则是苏联的最高领导人。在肯尼迪总统任期内，苏联的最高领导人是赫鲁晓夫。

肯尼迪是一位积极进取的人，因此颇能充分运用总统的权力。当然最主要的还是因为肯尼迪十分好学，精通许多方面的问题，不论内政、外交都了然于心，因而能成为一位有作为的总统。而肯尼迪本人则认为，这些都是总统份内该做的事。

话虽如此，即使肯尼迪再杰出、再能干，也不可能凭一己的力量统领一个政府，他必然需要一些协助他的人。

肯尼迪不管面对任何问题，绝不发表一些空泛的言论，他一定先搜集充分的资料，然后加以研究、思考，再运用他的判断力找出解决的方法。

肯尼迪总统在看内阁简报

在肯尼迪的身边，有一个强有力的智囊团，其中有些人专门负责调查；有的以专家的立场针对某一问题发表坦诚的意见；另有些人则协助他解决问题，他的幕僚包括了各种人才。

肯尼迪的幕僚人员不同于其他总统的幕僚，因为他们都是一些崇敬肯尼迪而自愿追随他的人，并不是受聘或被征召来的。

这些得力的助手中，第一个要介绍的是司法部长，也就是肯

肯尼迪在联合国发表演说

尼迪的弟弟罗伯特·肯尼迪。罗伯特有许多作风酷似哥哥约翰，因此他简直可以说是肯尼迪总统的一个化身。

据说肯尼迪总统本来不想任命罗伯特为司法部长，为的是

怕人家说他有私心，而带来不必要的麻烦。可是经过他考虑再三，觉得无论如何也少不了罗伯特的协助，因此毅然决定发出这项人事命令。罗伯特还曾经为此打趣他说："哥哥，当你公布我的职务时，如果对大家说：'这人是我的亲弟弟，可是我不是因为这点任命他，而是为了需要借助他的才干。'你想人们会有什么反应呢？"

除了罗伯特之外，肯尼迪的智囊团中还有许多人才，他们多数是与肯尼迪年龄相仿的知识分子。例如罗斯特是麻省理工学院的教授；班迪曾任哈佛大学的副校长，为了协助肯尼迪，他不惜辞去职务；雪迪是一名历史学家；萨林克则担任总统发言人。

睿智的肯尼迪总统

另外，肯尼迪任参议员时就在身边帮助过他的苏南生、欧德诺等人也都继续辅佐他。

只要肯尼迪认为必要时，他随时可以向大学教授们请教，用来作为参考。

肯尼迪总统伟大的地方就在他能消化、吸收这些学者、专家们的意见，这是旁人所不能及的。例如有人提出一份很厚的报告给他，以他的工作情形而言，要把这本报告从头看到尾几乎不可能，可是肯尼迪总是不厌其烦地亲自过目，从不会说："请你把这本报告的重点摘要写出来。"

肯尼迪总统阅读速度之快是出了名的，因为他原来就有一目十行的本领，又更进一步研习了速读术，因此练就了惊人的阅读速度。

喜欢阅读的人只要一看到写满字的纸，总禁不住会受到诱惑的。

肯尼迪正是一个易受文字诱惑的人，只要他附近的人不小心把杂志或书报随手搁在白宫的某处，则往往会发现这些东西忽然不翼而飞，正觉奇怪时，却看到坐在不远处的总统正津津有味地在看着呢。

肯尼迪在总统任期内前后仅三年左右，可是却经历了不少惊涛骇浪。

由于肯尼迪积极进取个性的原因，他是一个愿意面对挑战，而不愿墨守成规的人。他做事明快利落，绝不拖泥带水。他的果断少有人能比得上。

他这种比较强硬的作风有时难免会引起摩擦，有时也会得罪人，可是肯尼迪对自己行动的大方向的正确性很有信心，因此可以坚持到底。这种信心是基于他在决定一件事之前必先进行周密的调查，然后加以冷静地判断。他的一举一动绝不鲁莽冒进，也不会盲目自信。胆大心细是肯尼迪总统的最佳写照。

肯尼迪在总统任期内所处理过的大小事务，当然无法在此一一列举，就其中较大者而言，至少在外交上有柏林危机、越南问题、古巴危机等。至于内政方面，则有黑人问题、太空计划问题、社会保险与失业问题等。

肯尼迪倾听太空探险简报

在此仅举其中几个比较重要的例子，来说明肯尼迪总统是如何处理问题的。

首先要叙述的是古巴危机。从地图上我们可以看到古巴就在美国旁边，可说就在美国的鼻尖或眼睛前方。位于加勒比海中的古巴是一个共产党执政的国家，由卡斯特罗领导着。由于这个海岛国家的位置对美国构成威胁，许多美国人都觉得大可不必为了这么个小海岛去伤脑筋，为何不干脆发动攻击，把卡斯特罗政权赶下台呢？

曾经这种想法弥漫全国时，正好有一些古巴的反对卡斯特罗政权的不满分子流亡到美国。就在肯尼迪总统就职还不满三个月时，这些反古巴共产党政府的古巴人发动了一次军事行动，可惜没有成功。

这些古巴人的幕后有一些美国人在支持着，美国政府也知道这件事，因此这次失败对肯尼迪政府而言，总是一件不太光彩的事。不过这次事件并不是肯尼迪的主意，完全是中央情报局一手推动的。

古巴导弹危机中，美国 U－2 飞机拍摄到的
苏联向古巴运送导弹的船只

其后，古巴一直是肯尼迪政权很感头疼的一个问题。1962 年 10 月中旬，肯尼迪突然接获一项重大的情报，据可靠资料显示，苏联在古巴建立了多处中程弹道导弹的发射基地。

总统幕僚之一的班迪很了解肯尼迪的作风，知道总统需要的是绝对正确的完整资料。因此，班迪利用 U2 侦察机去拍了许多照片，同时一再秘密地反复调查。16 日的早晨，班迪带着一份非常详尽的资料直接来到总统的寝室内，此时肯尼迪正在看报，当他抬头一看是班迪，劈头就问："你带来的资料真实完整么？先让我看看你带来的照片吧。"

肯尼迪以从容的神情，沉着而仔细地端详过照片后，对班迪说："请你下令加强对古巴空中的侦察工作，然后你准备一下，召集大家来开个安全会议。"

这时的肯尼迪已非刚就任时所能比，他更加沉着、干练，而且对总统的职务以及领导者该有的处事态度也都十分熟悉。

从这天算起的 13 天之内，肯尼迪以全部的精力来研究有关古巴的问题，其间仅有少数心腹部下以及政府有关部门的重要官员参与其事。

为此问题开了许多次安全会议，每个人都率直地提出自己的意见。有人主张立即向古巴宣战，干脆把它占领；也有人建议派轰炸机去轰炸那些导弹基地，将其摧毁。可是总统却不能不考虑到种种后果。

"一旦对古巴发动攻击，苏联会袖手旁观吗？"

"是否会因此触发全面世界大战呢？"

"世界舆论会同意美国的这种做法吗？"

基于这些顾虑，与会者没有一个人真正主张采取极端的手段。

也有人建议先要求苏联撤走导弹基地，然后视其反应再决定下一个步骤。

肯尼迪与国会议员在一起，沉着应对古巴导弹危机

可是这个方法也有人不赞成，理由是："赫鲁晓夫可能接受我们的要求吗？他是否从一开始就怀疑我们对待这种事的决心呢？"

讨论的结果，大家认为比较可行的是实行海上封锁。这是宣战的前奏，既可表示美国的决心，又不致有伤亡。肯尼迪总统赞成这个意见，最重要的一点是，必须考虑苏联的立场，为其留一条退路。

最后，肯尼迪要求大家对此决定绝对保密，不要随意发表评论。幸好下个月就要举行国会议员的中期选举，记者们及一般

肯尼迪

人的注意力都集中在选举上。

"我仍然像没有发生任何事情一样照常出去助选，以免引起猜疑。"

肯尼迪以很严肃的表情很快地想到自己应有的配合行动。

10月23日星期一，这是一个暖和的日子。 在白宫的庭院里，管理人员正在清扫地上的落叶，观光客排着长龙等候进入白宫参观。 与此同时，海上封锁的准备工作已经完成，军队整装待发。

当天傍晚，肯尼迪透过电视发表了一篇使全世界震惊的重要演说，主要内容是指出苏联已经在美国的邻近国家建立了导弹基地，美国不能容忍这种做法；为了阻止这种威胁的继续加强，美国将对所有运送军事设备的船只实施封锁，而且要彻底进行。他最后表示：希望赫鲁晓夫立即将导弹基地撤走。

苏联的答复来得很慢，一直到星期五的晚上，赫鲁晓夫才写来一封信，表示说只要美国保证不侵犯古巴，苏联可以考虑撤走导弹基地。

当收到这封信时，肯尼迪总统内心很高兴。

星期六清晨，第二封信又送达，说明苏联决定撤走在古巴的导弹基地，但美国也必须以拆除土耳其的导弹基地作为交换条件。 肯尼迪与他的幕僚们稍加研究后，立刻断然地加以拒绝。

到了星期日早上，莫斯科广播了赫鲁晓夫的第三封信：导弹基地的建设工作已先行停止，有关设备也已经包装好运回苏联，而且提议可由联合国派专人去

肯尼迪签订限制核试验条约

監视。

使世界各国捏了一把冷汗的这个大事件，终于圆满地解决了。 我们不要把这次危机的解除单纯地视为肯尼迪的胜利或赫鲁晓夫的屈服，事实上应该说是世界上的两大巨头为了世界和平而进行的妥协。 正是由于发生了这起事件，后来的部分禁止核试验条约才得以签订，同时美苏的关系也有相当程度的改善。

不料，这事过后不到两年，曾经是全球注目焦点的这两位人物，相继在世界的政治舞台上消失，真是令人既震惊又惋惜！

★✦★✦★✦★✦
❦资料链接❦
★✦★✦★✦★✦

古巴导弹危机

美国于 1961 年策动的对古巴猪湾的入侵遭到失败，美国为此一直耿耿于怀，总想伺机对古巴进行干涉。 与此同时，古巴同苏联的关系已是越来越密切，而美、苏之间的摩擦却日趋严重。

当时，美、苏两国导弹数量的比例是 5∶1，力量对比美国的优势极其明显，苏联政府对此担忧不已。 为了迫使美国从土耳其或靠近苏联的其他地区撤除导弹，赫鲁晓夫决定在古巴部署苏式导弹，并找了一个堂而皇之的理由：捍卫古巴革命成果。

1962 年 7 月，古巴副总理造访了苏联，时隔不久，苏联就开始向古巴运送导弹。 同年 10 月，美国的 U—2 侦察机发现了古巴境内的导弹基地，肯尼迪总统立即向苏联提出强烈抗议，要求马上拆除古巴境内的导弹发射设施，否则，美国将毫不犹豫地消灭这些直接威胁美国安全的导弹设施。 苏联方面对此的答复是：这些导弹基地纯粹是防御性质的。 但美国却不依不饶，一口咬定从该基地发射的导弹足以摧毁美国各大城市。

1962 年 10 月 16 日，肯尼迪总统组成了国家安全委员会执行委员会，研究如何对付苏联的行动对策。 执委会成员们提出了众多方案，归纳起来主要有三个：一、空袭古巴导弹基地；二、对古巴实行封锁；三、诉诸联合国。 肯尼迪总统认为，如果美军空袭古巴导弹基地，必然会引起核大战爆发，可能导致美、苏两败俱伤甚至同归于尽的恶果；而向联合国申诉，则只不过是目前这种争吵不休的状态延续，无济于事。因此肯尼迪总统主张对古巴实行封锁，因为这样必定给赫鲁晓夫带来巨大的压力，并能有效地控制事态发展。

10月22日，肯尼迪总统发表电视演说，宣布美国将对古巴实行封锁。此后，大批美国海军军舰和两万名海军部队开始执行封锁行动。美国在世界各地的军队也进入戒备状态。美国如此强硬的态度着实让赫鲁晓夫吃了一惊，于是他下令加快向古巴运送导弹及苏式轰炸机的速度。

美国毫不退让，一支由90艘战舰组成的庞大舰队，在68个空军中队和八艘航空母舰的护卫下，已经在古巴领海周围设置了警戒线，并开始拦截所有驶入封锁区的船只。在靠近古巴的美国佛罗里达州及邻近各州，美国已集结了一支庞大的登陆部队。

苏联政府发表声明，如果苏联舰船遭到拦截，苏联将进行最强烈的回击。肯尼迪见苏联态度如此强硬，便下令陆军第一装甲师进入临近古巴的地域，另外五个师进入紧急戒备状态，携带核武器的B—52型战略轰炸机振翼升空待命。

其实，肯尼迪并不打算真的发动一场战争，他只不过是想迫使赫鲁晓夫从古巴撤除导弹基地，所以他所做的一切都只是恫吓。肯尼迪一直努力不让赫鲁晓夫丢面子，不让苏联人感到其国家安全受到威胁而作出更强烈地反应，以避免危机升级。

同样，赫鲁晓夫的所谓"强烈反应"，也不过是色厉内荏的把戏，他亦不敢贸然将事态一再扩大。肯尼迪的强硬态度却真的唬住了苏联人。赫鲁晓夫最后宣布，从古巴撤走导弹，而美国人也作出了不再入侵古巴的承诺。一场战争危机终于过去了。

废止种族歧视

在美国的内政问题上，当时最敏感也最棘手的就是种族问题。

大家对美国的黑人问题都很熟悉，因此我们不想对此问题的前因后果多加叙述，只简单地谈一下肯尼迪在总统任期内所发生的两件比较大的事件。

其中之一发生在1962年10月初，一位名叫杰姆斯·马拉第斯的黑人学生想进入密西西比州立大学念书，结果引起反对黑人者的强烈不满，在杰姆斯入学当天发生了一场骚动。

那些极端的种族歧视者非常顽固，凡是学校、餐厅、交通工具等都严格实施黑白分离的政策。他们对杰姆斯的入学更是想尽办法阻拦，除口诛笔伐之外，有些暴徒甚至混进密西西比州立大学校园内，准备闹事。

密州州长巴瑞特面对这种情势，曾经下令本州的军队出动镇压，可是临时又改变了主意予以撤回。当时，杰姆斯仍在校园中，没有人敢想象将会发生什么事。

在白宫的肯尼迪总统与司法部长罗伯特不断地用专用电话和巴瑞特州长保持联系。

巴瑞特在电话中求援说："最好设法把杰姆斯从校园里带出来，否则我无法保证他的安全。"

肯尼迪亲自接听电话，他指示说："请你听好，州长，在这场骚动平静之前，我不许把任何人移到另一个地方去。你没有尽到你应尽的责任，不是吗？"

"可是，我也正为此事做最大的努力啊。"

"不，你根本未曾尽力，最有力的证据就是校园里连一名州警察都没有，如此怎能不发生危险？你必须完成你分内的职责！"

说到这里，总统不高兴地挂断了电话。

结果，这场骚动还是由肯尼迪下令出动联邦军队才得以解决的。 不过，肯尼迪的本意并不希望采取这种手段，最好尽可能不动用军力，而是透过州政府以合法、理性的和平方式将问题解决。

由于肯尼迪冷静又理性地处理，终于使激动的反对派人士逐渐镇静下来。

最后，杰姆斯终能如愿以偿地进入密西西比州立大学学习，不过每天都有保安人员陪着他上学。 值得欣慰的是，其后杰姆斯没有再受到骚扰。

另一起事件发生在 1963 年 5 月，亚拉巴马州的伯明翰市。

这儿的种族歧视比别处严重得多，因此黑人运动领袖马丁·路德·金博士就在此领导黑人运动。 伯明翰市的治安负责人是佛康纳。

1963 年 5 月，马丁·路德·金博士在伯明翰领导了一次示威游行，而佛康纳故意放出警犬来骚扰游行队伍，同时更进一步用水压很强的消防水龙头喷向游行的人们。

马丁·路德·金在演讲

最后终于惹火了示威的黑人们，他们在忍无可忍之下丧失理智，开始把玻璃瓶或砖块等掷向警察。

州长站在佛康纳这边，还派了军队来协助他。 当天晚上，有一个黑人的住宅被人投掷炸弹，使得黑人社会群情激奋。

马丁·路德·金博士这时慎重地提出了废止种族歧视的要求。

后来，争端终于逐渐平静下来。对于这起事件，肯尼迪总统并没有直接介入，可是却促使他加速准备提出废止种族歧视的公民权法案。

6月中旬，有两位黑人学生打算进入亚拉巴马州立大学学习，可是坚决反对黑人的欧拉斯州长竟然亲自拦在校门口，企图阻止这两位学生入学，肯尼迪总统终于大发雷霆。

肯尼迪总统立刻决定派出联邦军队，同时下令要把亚拉巴马州的州军编入联邦军之内。

亚拉巴马州军队的副司令官闻讯后不得不立刻赶往现场，向欧拉斯州长提出忠告："请您尽快离开这儿吧！"

肯尼迪与马丁·路德·金博士（左二）

欧拉斯州长离开之后，两位黑人学生才顺利地办好入学手续。

就在同一天晚上，肯尼迪在电视上告诉全体国民说："只要是美国人，不论其皮肤颜色或人种，都将被一视同仁，同样享有美国人的权益。"

公民权法案终于在国会提出，为了使这个法案能够顺利通过，肯尼迪积极促使各界人士全力支持。

8月，在华盛顿进行了包括黑人、白人在内的 25 万人的大游行。

这支庞大的示威队伍自始至终都很有秩序、行动一致，使大家认识到反对种族歧视的运动是有组织、有计划，且深具实力的。

这次大游行使肯尼迪总统对黑人问题的解决方向有了新的决心。

★★★★★★★★★★
资料链接

马丁·路德·金

美国著名的黑人民权领袖马丁·路德·金（Martin Luther King, Jr）于 1929 年 1 月 15 日出生于美国佐治亚州的亚特兰大，其父是一名牧师。他在 1948 年 6 月毕业于亚特兰大的莫尔豪斯学院，毕业后获奖学金赴克罗泽神学院进修神学，1951 年毕业，获神学学士学位。同年 9 月他进入波士顿大学学习，1955 年获神学博士学位。1956 年 10 月他在蒙哥马利城任牧师。

演讲中的马丁·路德·金

1955 年 12 月 1 日，一位名叫罗沙·帕克斯的黑人妇女在公共汽车上拒绝给白人让座位，因而被当地警察逮捕。马丁·路德·金随即在 1956 年领导了蒙哥马利城黑人抵制当地公共汽车歧视黑人的行动（即蒙哥马利罢车运动），使美国最高法院宣布在交通工具上实施种族隔离为非法，从此他成为民权运动的领袖。 马丁·路德·金在 1957 年帮助建立黑人牧师组织——南方基督教领袖大会，担任首任主席。 他积极参加并领导美国黑人争取平等权利的运动，一生中 3 次被捕、3 次遭行刺。1963 年 8 月 28 日他参加组织 20 万黑人向华盛顿汇集的示威游行，即争取就业、争取自由的"自由进军"，并发表了著名的《我有一个梦想》的演讲。 1964 年马丁·路德·金被授予诺贝尔和平奖。 他著有《阔步走向自由》和《我们为何不能再等待》等书。 1968 年 4 月 4 日，他在田纳西州孟菲斯市旅馆的阳台被一名刺客开枪正中喉咙致死，年仅 39 岁。

1986 年 1 月，总统罗纳德·里根签署法令，规定每年 1 月份的第三个星期一为美国的马丁·路德·金纪念日，以纪念这位伟人，并且订为法定假日。 他最有影响力且最为人知的一篇演讲是《我有一个梦想》。 美国国会在 1964 年通过《民权法案》，宣布种族隔离和歧视政策为非法政策。

《我有一个梦想》

马丁·路德·金于 1963 年 8 月 23 日在华盛顿林肯纪念堂发表的著名演讲《我有一个梦想》：

一百年前，一位伟大的美国人签署了解放黑奴宣言，今天我们就

马丁·路德·金

肯尼迪
Kennidi

是在他的雕像前集会。这一庄严宣言犹如灯塔的光芒，给千百万在那摧残生命的不义之火中受煎熬的黑奴带来了希望。它的到来犹如欢乐的黎明，结束了束缚黑人的漫漫长夜。

然而一百年后的今天，我们必须正视黑人还没有得到自由这一悲惨的事实。一百年后的今天，在种族隔离的镣铐和种族歧视的枷锁下，黑人的生活备受压榨。一百年后的今天，黑人仍生活在物质充裕的海洋中一个穷困的孤岛上。一百年后的今天，黑人仍然萎缩在美国社会的角落里，并且意识到自己是故土家园中的流亡者。今天我们在这里集会，就是要把这种骇人听闻的情况公诸于众。

就某种意义而言，今天我们是为了要求兑现诺言而汇集到我们国家的首都来的。我们共和国的缔造者草拟宪法和独立宣言的气壮山河的词句时，曾向每一个美国人许下了诺言，他们承诺给予所有的人

坐落在亚特兰大市的
马丁·路德·金铜像

以生存、自由和追求幸福的不可剥夺的权利。

就有色公民而论，美国显然没有实践她的诺言。美国没有履行这项神圣的义务，只是给黑人开了一张空头支票，支票上盖着"资金不足"的戳子后便退了回来。但是我们不相信正义的银行已经破产，我们不相信，在这个国家巨大的机会之库里已没有足够的储备。因此今天我们要求将支票兑现——这张支票将给予我们宝贵的自由和正义的保障。

我们来到这个圣地也是为了提醒美国，现在是非常急迫的时刻。现在决非奢谈冷静下来或服用渐进主义的镇静剂的时候。现在是实现民主诺言的时候。现在是从种族隔离的荒凉阴暗的深谷攀登种族平等的光明大道的时候，现在是向上帝所有的儿女开放机会之门的时候，

现在是把我们的国家从种族不平等的流沙中拯救出来、置于兄弟情谊的磐石上的时候。

如果美国忽视时间的迫切性和低估黑人的决心，那么，这对美国来说，将是致命伤。自由与平等的爽朗秋天如不到来，黑人义愤填膺的酷暑就不会过去。1963年并不意味着斗争的结束，而是开始。有人希望，黑人只要撒撒气就会满足；如果国家泰然自若，毫无反应，这些人必会大失所望的。黑人得不到公民的权利，美国就不可能有安宁或平静，正义的光明的一天不到来，叛乱的旋风就将继续动摇这个国家的基础。

亚特兰大市马丁·路德·金的诞生地

但是对于等候在正义之宫门口的心急如焚的人们，有些话我是必须说的。在争取合法地位的过程中，我们不要采取错误的做法。我们不要为了满足对自由的渴望而抱着敌对和仇恨之杯痛饮。我们斗争时必须永远举止得体，纪律严明。我们不能容许我们的具有崭新内容的抗议蜕变为暴力行动。我们要不断地升华到以精神力量对付物质力量的崇高境界中去。

现在黑人社会充满着了不起的新的战斗精神，但是不能因此而不信任所有的白人。因为我们的许多白人兄弟已经认识到，他们的命运与我们的命运是紧密相连的，他们今天参加游行集会就是明证。他们的自由与我们的自由是息息相关的。我们不能单独行动。

当我们行动时，我们必须保证向前进。我们不能倒退。现在有人问热心民权运动的人："你们什么时候才能满足？"

　　只要黑人仍然遭受警察难以形容的野蛮迫害，我们就绝不会满足。

　　只要我们在外奔波而疲乏的身躯不能在公路旁的汽车旅馆和城里的旅馆找到住宿之所，我们就绝不会满足。

　　只要黑人的基本活动范围只是从少数民族聚居的小贫民区转移到大贫民区，我们就绝不会满足。

　　只要密西西比仍然有一个黑人不能参加选举，只要纽约有一个黑人认为他投票无济于事，我们就绝不会满足。

　　不！我们现在并不满足，我们将来也不满足，除非正义和公正犹如江海之波涛，汹涌澎湃，滚滚而来。

　　我并非没有注意到，参加今天集会的人中，有些受尽苦难和折磨，有些刚刚走出窄小的牢房，有些由于寻求自由，曾在居住地惨遭疯狂迫害的打击，并在警察暴行的旋风中摇摇欲坠。你们是人为痛苦的长期受难者。坚持下去吧，要坚决相信，忍受不应得的痛苦是一种赎罪。

　　让我们回到密西西比去，回到亚拉巴马去，回到南卡罗来纳去，回到佐治亚去，回到路易斯安那去，回到我们北方城市中的贫民区和少数民族居住区去。要心怀信念，这种状况是能够也必将改变的。我们不要陷入绝望而不可自拔。

马丁·路德·金在演讲

　　朋友们，今天我对你们说，在此时此刻，我们虽然遭受种种困难和挫折，我仍然有一个梦想，这个梦想是深深扎根于美国的梦想中的。

　　我梦想有一天，这个国家会站立起来，真正实现其信条的真谛："我们认为这些真理是不言而喻的，人人生而平等。"

　　我梦想有一天，在佐治亚的红山上，昔日奴隶的儿子将能够和昔日奴隶主的儿子坐在一起，共叙兄弟情谊。

我梦想有一天，甚至连密西西比州这个正义匿迹，压迫成风，如同沙漠般的地方，也将变成自由和正义的绿洲。

我梦想有一天，我的四个孩子将在一个不是以他们的肤色，而是以他们的品格优劣来评价他们的国度里生活。

我今天有一个梦想。我梦想有一天，亚拉巴马州能够有所转变，尽管该州州长现在仍然满口异议，反对联邦法令，但有朝一日，那里的黑人男孩和女孩将能与白人男孩和女孩情同骨肉，携手并进。

我今天有一个梦想。

我梦想有一天，幽谷上升，高山下降；坎坷曲折之路成坦途，圣光披露，满照人间。

这就是我们的希望。我怀着这种信念回到南方。有了这个信念，我们将能从绝望之岭劈出一块希望之石。有了这个信念，我们将能把这个国家刺耳的争吵声，改变成为一支洋溢手足之情的优美交响曲。

有了这个信念，我们将能一起工作，一起祈祷，一起斗争，一起坐牢，一起维护自由；因为我们知道，终有一天，我们是会自由的。

在自由到来的那一天，上帝的所有儿女们将以新的含义高唱这支歌："我的祖国，美丽的自由之乡，我为您歌唱。您是父辈逝去的地方，您是最初移民的骄傲，让自由之声响彻每个山冈。"

如果美国要成为一个伟大的国家，这个梦想必须实现。让自由之声从新罕布什尔州的巍峨的崇山峻岭响起来！让自由之声从纽约州的崇山峻岭响起来！

让自由之声从科罗拉多州冰雪覆盖的落基山响起来！让自由之声从加利福尼亚州蜿蜒的群峰响起来！不仅如此，还要让自由之声从佐治亚州的石岭响起来！让自由之声从田纳西州的瞭望山响起来！

让自由之声从密西西比的每一座丘陵响起来！让自由之声从每一片山坡响起来。

当我们让自由之声响起来，让自由之声从每一个大小村庄、每一个州和每一个城市响起来时，我们将能够加速这一天的到来，那时，上帝的所有儿女，黑人和白人，犹太教徒和非犹太教徒，耶稣教徒和天主教徒，都将手携手，合唱一首古老的黑人灵歌："终于自由啦！终于自由啦！感谢全能的上帝，我们终于自由啦！"

达拉斯神秘遇刺

1963 年 11 月 22 日中午时分，德克萨斯州的达拉斯飞机场外聚集了 5000 多名群众。

由于 1964 年的大选年将近，而德州又一向被认为是全美右翼势力最强的一个州，因此肯尼迪总统已开始在此展开选前的游说活动。

这一天的清晨，达拉斯的天空阴沉沉的，似乎大雨将至。可是到了接近中午时候，天气忽然好转，晴朗的阳光照耀着机场，因此许多市民们齐集此处，大家都想一睹美国总统的丰彩。

飞机抵达机场后，首先下飞机的是第一夫人杰奎琳，她身着桃红色的合身服装，左手捧着一把红玫瑰花束，款款步下扶梯。

肯尼迪总统随后出现，脸上是开朗的笑容。 此时的肯尼迪总统已经 46 岁，有着一头浓密漂亮的头发，但两鬓也已略见花白；下颌已经是双层，眼角也出现了鱼尾纹。

围观的人们都热烈地挥手欢呼，迎接总统夫妇的莅临。 肯尼迪夫妇对有这么多欢迎的市民感到有点意外，因此格外高兴。肯尼迪还转头对身边的德州州长康纳利笑了一笑。

总统夫妇及州长一行人乘坐汽车，准备前往市立商品馆发表演讲。

总统夫人和州长夫人领先坐上了总统的敞篷车，然后肯尼迪总统与康纳利州长才上车。 在他们车前的护卫人员发动汽车引擎，于是一列车队缓缓开始前进。

车队所经之处无不挤满了热烈欢迎的市民，他们既兴奋又好奇，睁大眼睛望着总统夫妇。 尤其妇女们更是目不转睛地注视着美丽的第一夫人，既惊奇又羡慕，不觉地把身子向界限外移出好几步。

中午 12 点 30 分，车队来到离演讲会场很近的一个三岔路口。

车队仍然前进得很慢。

肯尼迪总统不时向马路右侧的人潮挥手示意，脸上带着亲切的笑容。

杰奎琳夫人坐在总统左侧，她也同样对马路左侧的人群微笑挥手。

虽然已经是 10 月下旬，可是德州的阳光依旧耀眼，在他们的背后有一排苍翠的小丘陵，右前方则是一幢外形相当独特的红色建筑物。这栋建筑物是某教科书出版社的仓库，它就像街道上其他的建筑一般，未曾引起人们的特别注意。

遇刺前几秒时，肯尼迪和
杰奎琳在"林肯"轿车上

突然间，杰奎琳好像听到枪声，先是连开两枪，然后又加了一枪。

与此同时，康纳利州长发出一声惊呼。

杰奎琳直觉地望向身旁的丈夫，"天哪！这到底是怎么回事？"她脑子里感到一片空白。

右侧的丈夫已经倒在血泊中，杰奎琳在惊愕中瞬间发出了一声惊叫。

"啊！怎么回事？"

事后有关人员对此事进行侦察时，杰奎琳曾对调查人员引述当时的情景说："在那一瞬间，我的丈夫脸上似乎有很困惑的表情，然后倒在我膝盖上，就这样维持了一段相当长的时间。"

肯尼迪

　　这三发子弹就是从那幢教科书出版社仓库的窗户中射出来的，其中一发子弹正中总统的头部，另一发穿透总统的脖子和胸部，最后的一发子弹则击伤了坐在一旁的康纳利州长。

　　原本十分热闹的达拉斯市刹那间陷入愁云惨雾中。

　　载着现任总统与州长的这一辆敞篷车，立刻全速开往附近的巴克兰多医院。

　　当达拉斯市的市民们知道发生了什么事之后，都焦急地赶到巴克兰多医院探询消息。

　　总统很快地被医护人员用担架抬进急救室，检察官和外科大夫匆忙跑进急救室。

　　接着有两位天主教神父匆匆赶来。

　　几分钟之后，一位政府发言人站在随行的记者团面前，神情凝重地宣布说："约翰·F·肯尼迪总统已于下午 1 点钟去世……"

　　这个令人震惊的意外噩耗立即传遍了全世界，骤闻此悲痛消息的瞬间，每一个人——不论是美国人还是其他国家的人，都怀疑自己是否是听错了，无法相信这是事实。

　　等到这个消息被证实以后，大家都感到惊骇、愤怒以及无限地哀痛。

　　整个美国不论城市或乡村，在这段时间内所有的工作几乎完全停顿了，各地的教堂纷纷传出钟声，所有的国旗都降下一半，娱乐场所全都停止了活动。

　　在国外，所有传播机构都暂停正常的节目或活动，以最快的速度播报这个悲恸的消息，并随之播放哀伤的追悼曲。

　　在亚洲，此时正值半夜，虽然报纸已经拼好版，但为了这个消息不得不抽换版面。 人们在一早醒来时看到这个消息时都吓了一大跳，残存的睡意全消。

　　世界各国元首都对肯尼迪总统的猝然去世发出唁电。

　　得到这个意外消息时，赫鲁晓夫正在乌克兰的基辅，他立即赶回莫斯科，前去探望美国驻苏联大使，泪眼汪汪地称赞肯尼迪

被擒的凶手

总统的为人，他说：

　　"肯尼迪总统的去世对于世界和平，以及希望美苏合作的人来说是一个沉重的打击……肯尼迪总统一向能切合实际地衡量情势，他相信和平的研讨是最佳的解决国际争端的方法，因此极力朝这个方向努力。 他实在是一位见识卓越、心胸宽阔的伟大政治家……"

　　这段话也是赫鲁晓夫寄给杰奎琳的慰问信中的一段。

　　在巴黎，戴高乐总统召开了一次紧急会议，发表了如下的悼词："肯尼迪总统是一位在枪火下为自己的义务、为祖国而献身的战士，我谨代表所有法国人民向他致以最崇高的敬意。"

　　在肯尼迪遭暗杀的达拉斯市，其后接连发生了一连串的事故，使事情愈变愈复杂。 这次不幸事件的真相恐怕永远无法大白于天下，人们只能相信美国政府的调查结果了。

肯尼迪

事情发生后不到两小时，暗杀总统的嫌犯 L·H·奥斯华特就被捕了。可是两天之后，奥斯华特又被达拉斯的市民杰克·略易枪杀，而且也是在总统去世的巴克兰多医院里。

肯尼迪总统去世之后，到他出殡前的这段时间，大家注意的焦点是他的未亡夫人杰奎琳。

葬礼上的小肯尼迪（前右一）

杰奎琳突然受到残酷打击，固然悲痛万分，可是她的言行举止仍中规中矩，不失其身为第一夫人的尊严。

当在达拉斯的医院中知道自己的丈夫已确实回天乏术时，杰奎琳立刻脱下自己手上的戒指，套在丈夫的手指上。她身上一直穿着染满丈夫血迹的那件桃红色服装，并丝毫不以为意，一旁的副总统詹森夫人体贴地说："我叫人拿一件衣服让你换上好吗？"

杰奎琳低头看了看衣服上的血迹，答道："谢谢你！还是让我这样穿吧！"

就这样，在她随着肯尼迪的遗体坐上飞往华盛顿的飞机去参加新总统詹森的宣誓就职典礼，一直到回到卡洛琳与小约翰所在的白宫期间，她始终穿着那件染有丈夫血迹的桃红色服装。

肯尼迪总统去世的第二天，他的遗体被抬进白宫，到了 24 日，又被移往国会山的大会堂。

当灵柩抬离总统最后居住的白宫时，站在棺木旁边的未亡夫人杰奎琳一手拉着卡洛琳，一手拉着小约翰，小声地对他们说："你们都不要哭。"

　　灵柩移到国会山大会堂后，上面覆盖了美国国旗，肯尼迪总统生前就是在星条旗下为其崇高的理想而奋斗的。

　　杰奎琳带领卡洛琳跪在灵柩前，手抚棺木亲吻着。

　　跪在杰奎琳身旁的卡洛琳到底对父亲去世的事实了解多少呢？她会知道人死了就永不再会复生吗？

　　小小的卡洛琳以戴着白手套的双手捂着眼睛，哽咽地说道："再见，爸爸！"

　　这天夜里9点钟左右，杰奎琳在罗伯特的陪同下再到国会山。刚一踏进大会堂，杰奎琳就无法自抑地离开罗伯特，哀恸欲绝地扑到灵柩前，在场的人莫不泪流满面，泣不成声。

　　25日就要出殡了，新总统詹森下令这一天为全民哀悼的日子。

　　当天，首先由年轻的士兵将灵柩抬出国会山，这些兵士包括陆、海、空三军官员，其中有白人也有黑人。

　　在这一刻，不分人种，不分主义，不分思想，所有的美国人民都在竭诚为这位伟大的已故总统祈祷着。

　　灵柩被抬到一辆炮车上，炮车由六匹健壮的白马拉着，车后是绵延无尽的送葬行列。

　　紧跟着灵车之后的，是一匹没有人骑的棕色骏马，马腹两侧放着一双马靴，马鞍左侧则吊着一把银色的宝剑。

　　据说这表示勇士已经不在了，不能再高踞马上指挥作战的意思。相传这是中国元朝成吉思汗时代专为凭吊英雄勇士的一种礼仪。

　　杰奎琳身着黑色丧服，头戴黑纱，由罗伯特搀扶着，跟在灵车后面慢慢走着。

　　每个人都对她怀有一份深深的同情，但杰奎琳此时茫然的目光似乎正望着遥远的丈夫。

　　杰奎琳身后跟着卡洛琳和小约翰，他们分别有人搀扶着。这一对稚龄儿女似乎还不太懂得是怎么回事，这情景更是令大家感到一阵阵莫名的心酸。

很巧的是，11月25日正是小约翰的生日，刚满3岁的小约翰就得面对如此无奈的生离死别，怎不令人心酸？

当天早上在国会山举行家祭时，肯尼迪一家人向死者做最后的告别，还不懂事的小约翰忽然手指灵柩上的国旗大声说："我要把这面国旗带回家给爸爸。"

送葬的行列中有来自世界各国的元首、总理及高级官员等，共计1200人。

充满了悲恸的肯尼迪夫人

正午，灵柩在哀伤的丧葬乐声中进入圣马修兹教堂。

主持丧礼弥撒的仍是与肯尼迪家有深厚交情的卡欣枢机神父。

肃穆的弥撒之际，有雄浑的男声独唱，唱出了人们浓浓的哀思。

午后12时50分，弥撒结束，灵柩再度由官兵们抬起，又回到炮车上。

站在罗伯特叔叔身旁的小约翰静静地注视着这一切，然后若有所悟地举手向炮车上的灵柩敬了一个礼。

送葬的行列再度随着灵车前进，这次的目的地是阿灵顿国家公墓。

肯尼迪总统就被安葬在这个公墓的小丘上，墓旁有杰奎琳所点燃的"永远的火炬"。

葬礼上，三岁的小肯尼迪向父亲的灵柩
行举手礼，这个举动令全美国人洒下感动的泪水

"永远的火炬"至今仍在燃烧着，而且将像美国人的希望一样永不熄灭，一直燃烧下去。

前来凭吊肯尼迪的人一定都看到过这个火炬，同时回忆着肯尼迪总统在其任内所点燃的理想的火炬。

"身为一个男人，能为祖国的自由或宪法而献身，绝不会感到痛苦。"

这是肯尼迪总统生前说过的一句话，回想起来更令人不由得对这位为国殉身的伟人肃然起敬。

肯尼迪
Kennidi

肯尼迪年表

1917 年 5 月 29 日,约翰·菲茨杰拉德·肯尼迪降生于美国麻萨诸塞州布鲁克林。

1923 年,6 岁,进入布鲁克林的一所私立学校。

1926 年,9 岁,因父亲工作的关系,肯尼迪转学到纽约市郊附近的一所小学就读。

1930 年,13 岁,进入康乃狄格州的堪塔布利学校,这是一所天主教的住宿学校,肯尼迪首次离家外宿。

1931 年,14 岁,转学到康乃狄格州的私立学校——在杰特高中就读,直到毕业。

1935 年,18 岁,春季,从杰特高中毕业。夏天赴英接受伦敦大学经济学教授的专门指导,不幸染患黄疸病而提前回国。同年秋,进入普林斯顿大学就读。

1936 年,19 岁,旧病复发,从普林斯顿大学休学。是年秋,改进哈佛大学。

1937 年,20 岁,利用暑假与朋友一起到法国、西班牙、意大利等地旅行。12 月,父亲约瑟夫被任命为美国驻英国大使。

1939 年,22 岁,初起休假半年,前往伦敦协助父亲的工作。

1940 年,23 岁,春季,提出毕业论文。6 月,从哈佛大学法学院毕业。7 月,将毕业论文以《英国为何沉睡》为名出版。秋季,进入斯坦福大学的商学研究所。12 月,父亲辞去驻英大使一职。

1941 年,24 岁,2 月,到南美洲旅行。9 月,通过身体检查进入海军,被分派在华盛顿的情报部门服务。(1941)日本偷袭珍珠港,美对日宣战。

1942年,25岁,被派到鱼雷艇上服役。

1943年,26岁,3月,被派往南太平洋的PT鱼雷艇基地。8月2日,肯尼迪中尉所指挥的PT—109鱼雷艇与日本的驱逐舰"天雾"号相撞沉没。由于他英勇、机智的救援有功,因而获得誉荣战伤勋章及海军勋章。12月,由于背部伤病复发而被送回国内治疗。

1944年,27岁,春季,住进海军医院。8月12日,哥哥(29岁)在欧洲阵亡。

1945年,28岁,因为健康状况不佳,由海军退役。肯尼迪以INS通讯员的身份在旧金山采访联合国大会的消息。

1946年,29岁,11月,当选麻萨诸塞州第十一选区的众议员。

1948年,31岁,连任众议员。妹妹凯萨琳不幸在飞机失事中丧生,年仅28岁。

1951年,34岁,年初,赴欧洲旅行六周。是年秋,带着罗伯等人环游世界。是年,结识了杰奎琳。

1952年,35岁,10月,打败现任参议员罗吉,以七万选票的领先优势当选参议员。

1953年,36岁,9月12日,在卡欣枢机主教的主持下与杰奎琳结婚。参议院中掀起了麦卡锡旋风。担任参议院内劳动福利委员会委员。

1954年,37岁,10月,背部的病势恶化,住院接受脊椎接合手术。在此住院期间,参议院通过对麦卡锡的谴责动议。

1955年,38岁,2月,出院回佛罗里达州疗养,疗养期间撰写《勇敢者的画像》一书,强调政治家的勇气。5月,结束疗养生活,回到华府。

1956年,39岁,1月,《勇敢者的画像》出版后极为畅销。同年,在民主党全国代表大会上,以少许差额而未获得副总统候选人的提名。

肯尼迪

1957 年,40 岁,成为参议院外交委员会的委员。《勇敢者的画像》荣获该年度的普利策传记文学奖。11 月,女儿卡洛琳出生。

1959 年,42 岁,出任参议院合同经济委员会委员。

1960 年,43 岁,6 月,被民主党提名为总统候选人。11 月 8 日,打败尼克松,成为美国第 35 任总统。11 月 25 日,儿子小约翰出生。

1961 年,44 岁,1 月 20 日,宣誓就任美国第 35 任总统。6 月,与苏联总理赫鲁晓夫在维也纳举行会谈。

1962 年,45 岁,9 月,为了黑人学生的入学问题而发动联邦军队。10 月 22 日,下令对古巴实施海上封锁。

1963 年,46 岁,2 月 28 日,提出《有关公民权的总统特别文件》,废止种族歧视。8 月 5 日,签订部分禁止核试验条约。11 月 22 日在德克萨斯州的达拉斯市被暗杀。副总统詹森继任为美国总统。